널 만나러 왔어, 미국!

대화하고, 공부하고, 여행하고, 사랑했던 미국 교환학생 이야기

널 만나러 왔어, 미국!

김나영 지음

harmonybook

CONTENTS

Chapter1.
교환학생을 결심한 이유

한국에서 중고등학교, 혹은 대학교에 다니고 있는 학생이라면 한번쯤 교환학생을 꿈꿔본 적이 있을 것이다. 그동안 살던 나라가 아닌 완전히 새로운 장소에서 외국어도 익히고, 외국인 친구들도 사귀는 경험이라니. 상상만으로도 너무나 다른 인생이 펼쳐질 것만 같은 느낌이다. 내가 교환학생에 관심을 가지게 된 계기도 그러한 이유에서였다. 나 역시 이전에 살아보지 못한 삶에 대한 막연한 동경심을 가지고 있었다. 단지 그뿐이었다.

하지만 동경심만으론 교환학생 신분으로 외국을 가겠노라 결심하고, 이를 실행에 옮기게까지 만들어주진 못했다. 분명 좋은 경험이 되리라는 것을 예상할 수 있었지만 그에 들여야 하는 적지 않은 시간과 비용에 비해 내 목표가 별 볼 일 없다고 생각해서였다. '그냥 가보고 싶어서,' '친구들이 다들 가니까'라는 이유를 염치없이 나를 지원해주시는 부모님께 댈 수는 없었다. 또한 한창 교환학생에 대해 생각했을 때가 대학교 2학년 부렵이었는데, 그 때는 대2병의 흔한 증상인 미래에 대한 조급함과 불안함을 안고 살았었기에 교환학생을 간다는 것이 시간 낭비처럼 느껴지기도 했다. 그렇게 어영부영 흘려보낸 시간이 꽤 길었다.

실제로 교환학생을 결심하게 된 건 매우 단순한 생각의 전환에 서였다. 어느 날 문득, 앞으로 내가 어떤 삶을 살게 될지도 모르는 데 어떻게 미래에 대한 구체적인 목표와 계획을 세울 수 있겠냐 는 생각이 들었다. 어차피 대학교를 졸업한 후에는 평생 일을 하 게 될 텐데, 교환학생을 가서 무엇을 얻든 그것이 내 삶의 자양분 이 되어주지 않을까. 삶을 좀 더 멀리 내다보고, 교환학생이라는 작은 경험에서 목표를 없앤 결과였다. 그리고 나니 '가보지 뭐,'라 는 생각은 더 이상 염치없는 마음가짐이 아니게 되었다. 뭐가 되 었든 일단 경험을 해보자는 단순하면서 담대한 생각이 들었고, 그 렇게 교환학생을 준비하게 되었다. 약 일 년이라는 시간 동안 어 학시험을 준비하고, 파견희망학교를 지원하고, 비자를 신청하는 일련의 과정들을 거치면서도 내가 정말 외국에 나가 살게 되는 건 지 실감이 나지 않았다. 설렌다거나 두려운 마음보다는 별 생각 이 없었다는 게 더 적절한 당시의 상태였다. 그 정도로 실감이 안 났고, 덕분에 혹여 실망감으로 되돌아올지도 모를 기대감을 키우 지 않을 수 있었다.

어느덧 새해가 밝고, 출국을 이주 가량 앞두게 되었다. 떠나기 전 일주일은 고향에서, 일주일은 서울에서 지내며 가족과 친구들, 그리고 지인들과 인사를 나눴다. 곧 떠날 생각을 하니 그저 당연했던 주위 사람들의 존재가 새삼 감사하게 느껴졌다. '특별할 건 없어도 지금까지 잘 살아왔다, 앞으로도 잘 살아야지'하며 스스로를 다독이다보니, 어느새 출국 날이 바로 앞에 다가오게 되었다.

Chapter2.
학교까지 무사히

　내가 교환학생을 가게 된 학교는 미국 펜실베이니아 주의 작은 도시 워싱턴에 위치한 Washington & Jefferson College였다. 한국과 멀리 위치해있다 보니 가장 가까운 피츠버그 공항에서도 직통을 구할 수 없어 캐나다를 두 번 경유하는 티켓을 끊어야했다. 멀기도 멀지만 두 번이나 경유를 해야 하는 긴 여정이었기에 일단은 학교에 무사히 도착하는 것이 제일의 목표였다.

　드디어 출국 당일, 공항으로 가는 차 안에서 추천서를 써준 교수님께 감사 메일을 보내며 인천공항에 도착했다. 항상 공항에 갈 때면 설레기보단 혹여 문제가 생기진 않을까 노심초사하는 나였기에, 그날도 겉으론 아무렇지 않은 척 했지만 속으론 잔뜩 긴장이 되었다. 아니나 다를까, 학교에 도착하기까지 여러 난관이 나를 기다리고 있었다.

첫 번째 고비 : 발목을 잡은 캐나다 비자

출국 날의 나는 몰랐었다. 경유만 하는 국가여도 비자가 필요하다는 사실을 말이다. 캐나다 비자가 필요하다는 걸 알게 된 건 짐을 부치기 위해 줄을 섰을 때였다. 당장 생각나는 비자를 신청하기 위해 거쳐야 하는 여러 절차와 그에 필요한 시간을 생각하면 예정된 비행기를 못 타는 건 물론이요, 언제 출국할 수 있을 지도 알 수 없는 상황이었다. 그 순간 태어나서 처음으로 심장이 땅 끝까지 떨어지는 기분을 느꼈다. 이런 것 하나 제대로 준비하지 못한 스스로가 원망스럽고 이 상황이 너무 절망스러워서 나도 모르게 눈물이 나왔다. '어떡하지, 정말 어떡하지,'라는 생각으로 핸드폰을 이용해 일단은 캐나다 비자를 신청했다. 급한 마음에 제멋대로 가는 손으로 개인정보와 파견학교 정보, 비행 정보까지 입력하고 메시지를 적는 칸에는 '곧 출국이다, 나를 제발 도와 달라'라는 절박함까지 담아 신청서를 제출했다.

정말 다행이게도 캐나다 비자는 절차도 간단하고 승인도 빠르게 이루어지는 시스템이라 비용 결제까지 마치고 나니 십 분이 채 안 되어서 비자가 발급되었다. 덕분에 나는 줄 서 있던 그대로 짐을 부치고 무사히 모든 입국심사를 마칠 수 있었다. 짧은 시간이었지만 나만큼이나 새파랗게 질렸던 엄마, 아빠와 나는 헤어지

기 전 공항 내 카페에서 찬 커피를 꿀꺽꿀꺽 들이켜며 한숨을 돌렸다. 헤어지는 게 아쉽기보단 계획대로 헤어질 수 있어서 오히려 다행이었다. 잠시 뒤 출국장에 들어서며, 이제는 정말 나 혼자이니 정신을 똑바로 차려야 한다는 생각이 들었다. 그런 생각에 헤어지기 아쉬워 나오던 눈물도 몇 걸음 걷다보니 뚝 그쳤다. 그렇게 마침내 나는 교환학생이라는 긴 여정의 첫 발을 떼게 되었다.

두 번째 고비 : 캐나다의 추위가 불러일으킨 지연과 연착

첫 번째 경유지는 캐나다 벤쿠버였다. 벤쿠버에서는 캐리어 수속을 한 번 더 하고 다음 경유지인 캐나다 토론토행 비행기를 타야 했다. 이때는 시간이 살짝 촉박했지만 다행히 모든 걸 제 시간 안에 끝낼 수 있었고, 비록 공항 안이지만 처음으로 캐나다 땅을 밟고 있다는 사실에 마냥 신이 났다. 하지만 문제는 그 다음 비행이었다. 추위에 연착되는 비행기가 많아 토론토 공항에 도착해서도 비행기에서 내릴 수 없었고, 결국 예상보다 한 시간 가량 늦게 내려 미국으로 향하는 비행기를 탈 수 없게 된 것이다. 다음 날 오전 비행기로 티켓을 바꿀 순 있었지만 시각이 늦어 어쩔 수 없이 공항에서 그대로 밤을 지새워야 했다. 항공사 측에서는 자연재해로 피해를 입을 경우 따로 숙박시설을 제공하지 않는다고 했다. 어쩔 수 없이 나는 '한 시간만 더 가면 되는데'하는 아쉬움을 안은 채 낯설고 추운 공항에서 긴 밤을 보낼 수밖에 없었다.

세 번째 고비 : Pending bag이 뭔가요?

토론토 공항에서 미국으로 향하는 게이트가 열리는 시간은 새벽 네 시라 사람들은 세 시 반 정도부터 긴 줄을 섰다. 탑승수속 절차는 소지품 검사와 여권 및 티켓 확인, 마지막으로 입국심사 순서로 진행되었고, 각 절차 사이에는 기다림의 시간으로 빼곡히 채워졌다. 긴 줄 끝에 드디어 소지품 검사를 받고 여권과 티켓을 낼 차례가 되었는데, 한 공항직원이 나를 보곤 대뜸 남들이 가는 곳과 다른 장소를 가리키며 그 쪽으로 가라고 했다. 'Pending bag' 이라는 말만 남긴 채 그는 그렇게 사라졌고, 덕분에 나는 그게 무엇인지 물을 틈도 없이 발걸음을 돌려야 했다. 도착한 곳은 여섯시 반부터 업무를 시작해 나는 거기서 또 다시 한 시간 가량을 기다렸다. 그렇게 여섯시 반이 되어 출근한 직원에게 자초지종을 설명하니 직원은 새로 바뀐 티켓에 내 캐리어 정보가 입력되지 않은게 문제였다고 했다. 기존 티켓에 붙어있던 캐리어 라벨을 제출하니 문제는 간단히 해결되었고, 나는 다시 한 번 놀란 가슴을 쓸어내리며 서둘러 입국심사를 받으러 갈 수 있었다.

네 번째 고비 : Secondary Inspection에 끌려가다

미국의 입국심사는 까다롭기로 유명하다. 워낙에 불법체류가 만연하기도 하고, 내가 갔을 당시엔 정치적 상황도 상황인지라 더 엄격하게 출입국을 관리하고 있었다. 그러나 학생비자를 포함한 모든 서류를 준비해놓은 나는 그다지 걱정이 되진 않았다. 까다롭게 굴어봤자 질문이나 서너 개 더 하고 말 거라고만 생각했다. 또 한 번 줄을 서고 기다림의 시간을 지나, 드디어 입국심사라는 마지막 관문이 다가왔다. 그런데 나를 심사하던 직원은 내가 제출한 서류들을 대충 보더니 질문도 일절 없이 또 다시 나를 남들과 다른 곳으로 보냈다. 이번에 간 곳은 문이 열리고 닫히는 폐쇄된 공간이었는데, 들어가면서 팻말을 보니 'Secondary Inspection'이라고 적혀있었다. 교환학생 준비를 하면서 얼핏 들었던, 입국심사 시 어떠한 이유에서든 수상하다고 여겨지는 사람들을 한 번 더 심사한다는 그 Secondary Inspection이었다. 동양인 20대 여성이 자주 그 대상이 된다는 얘기는 익히 들었지만 막상 내가 그 상황에 놓이니 정말 황당하고 당황스러웠다. 그 곳에 들어가니 재심사를 받아야 하는 사람들 두어 명과 공항 직원들을 합쳐 대여섯 명 정도가 있었다. 그 곳에서 얼마나 시간을 보냈는지는 모른다. 모든 전자기기 사용이 금지돼 휴대폰을 볼 수 없는데다가 벽시계도 없었기 때문이다. 공항 직원들은 우리를 심사하지 않고 아무 말 없이 컴퓨터만 들여다보았고, 나를 비롯한 사람들은 그저 앉아서 하염없이 기다릴 수밖에 없었다. '곧 부르겠지, 그러면 내 억울함을 말할 수 있겠지'라고 생각한 것도 잠시, 예상보다 대기시간이 길어지자 슬슬 불안해지기 시작했다. 이러다 또 다시 비행기를 놓칠 수 있겠다는 생각이 들었다. 그렇게 혼자 속을 태우고 있는데 그제야 한 직원이 나를 불러 내가 지내게 될 학교 주소를 묻고 비자서류에 사인을 시키는 등 심사를 시작했다. 2차 심사는 기다리는 동안 걱정했던 마음이 무색할 만큼 간단하게 끝이 났다. 나를 맡았던 직원은 앞으로 미국 내 어딜 가더라도 꼭 비자서류를 가지고 다니라는 말과 함께 출국게이트로 향하는 문을 열어주었다.

다섯 번째 고비 : 또다시 찾아온 추위와의 밀당

이제 정말 미국에 간다는 생각에 벅차하며 설렜던 것도 잠시, 추위로 인해 내가 탈 비행기가 한 시간 가량 지연되었다는 소식을 접했다. 하지만 지금까지 산전수전을 겪은 내겐 한 시간 지연쯤이야 일도 아니었다. 그러나 그것은 앞으로 다가올 수많은 지연 중

하나에 불과했다. 탑승시각을 십여 분 앞두고 삼십분, 또 십여 분을 앞두고 한 시간 정도 지연되는 일이 대여섯 차례 반복된 것이다. 항공사 직원들은 날이 언제 풀릴지 몰라 언제 이륙이 가능할지 확실하지 않다고 했다. 그렇게 세 번 정도 지연을 겪으니 급격하게 피로가 느껴졌다. 이제 곧 출국할 거란 희망이 꺾이니 더욱 큰 절망감과 실망감으로 되돌아왔다. 몸도 마음도 지친 상황에서 계속됐던 기약 없는 기다림은 출국 과정에서의 마지막 고비이자, 가장 힘들었던 고비였다. 결국 원래 출발시각보다 네 시간 정도 지난 열두시가 넘어서야 이륙이 가능하게 됐고, 마침내 나는 토론토 공항을 벗어날 수 있었다. 눈을 잠시 붙였다 뜨니 어느새 비행기는 미국에 도착해있었다. 피츠버그 공항에는 국제학생들을 데리러온 몇몇 학생들이 나를 비롯한 친구들을 기다리고 있었고, 그렇게 나는 학교차를 타고 Washington & Jefferson College까지 무사히 도착할 수 있었다.

Chapter3.

학기의 시작, 잊지 못할 첫 문장

미국에서의 처음 며칠은 여느 처음과 다를 바 없었다. 짐을 풀고, 건물 위치와 이름을 익히고, 시간표를 확정해서 필요한 책을 사고, 미국 전화번호와 통장계좌를 만드는 등 해야 하는 일을 제대로 처리하는 것만으로도 정신이 없었다. 더군다나 아예 다른 나라에 온 것이다 보니 사소한 시스템이나 절차부터가 한국과 다른 점이 많아 알아가야 할 게 더욱 많았다. 또한 한동안 외국인 친구들의 이름을 외우느라 애를 먹기도 했다. 원래도 사람 얼굴이나 이름을 잘 기억하지 못하는 나인데, 외국인 친구들은 더더욱 기억하기가 어려웠다. 그렇게 학기 초엔 매일매일 새로운 삶에 내 몸과 머리를 적응시켜야 했다. 마치 초등학교, 중학교 시절 참가했던 영어캠프가 막 시작된 기분이었다.

오티나 개강파티같은 행사도 많았는데, 그 중 하나였던 국제학생 환영식에서 국제팀 스태프들을 만날 수 있었다. 교환학생을

준비하면서 수차례 메일을 주고받던 분들을 처음으로 직접 만나는 자리였다. 모두가 함께 모였을 때, 사진으로 익숙해진 스태프 중 한 명인 Dana는 만나자마자 활짝 웃으며 날 안아주었다. 마침내 만났다며 반가워하는 Dana는 지금껏 어느 누구에게도 이렇게 환대받은 적이 없었다는 생각을 들게 했다. 그러면서 Dana는 내게 "Don't be a stranger"라는 말을 해줬다. 지금은 학교가 낯설겠지만 모르는 게 있으면 물어보고, 하고 싶은 게 있으면 맘껏 하면서 공동체의 일원이 되라는 의미에서 건넨 말이었다. 처음 이 말을 들었을 때 순간 머리가 멍했다. 낯선 사람이 되지 말라는 문장으로 타인에게 애정과 격려를 건네는 사람이라니. 어떻게 그런 말을 할까 싶으면서도, 이런 사람이 있는 공동체라면 앞으로 정말 잘 지낼 수 있겠다는 생각이 들었다. 그 후로도 나는 학기동안 틈만 나면 국제팀 스태프들을 찾아가 유용한 정보를 얻기도 하고, 그저 함께 떠들기도 하면서 그들과 가까이 지냈다. 국제팀 스태프들의 학생들을 향한 애정 어린 관심과 응원은 교환학생 기간 동안 나의 든든한 기둥이 되어주었다.

널 만나러 왔어, 미국!   19

Chapter4.
뉴욕에 가다

   학기가 시작하고 얼마 안 돼선 뉴욕으로 여행을 다녀왔다. 뉴욕 여행은 한국에서 출국하기 전부터 계획했던 것으로, 전부터 여행을 자주 같이 다니던 친구와 이번에도 함께 떠나기로 했다. 뉴욕까지 가기 위해 선택한 교통편은 버스였다. 비행기를 타기에는 티켓 값이 너무 비쌌고, 미국에서 버스로 8시간이면 그리 오래 걸리는 편이 아니라고 생각해서였다. 인터넷으로 여러 방편을 찾아보았지만 결국 미국에서 제일 잘 알려진 메가버스를 이용하기로 했다. 그렇게 정해진 나의 루트는 학교에서 셔틀버스를 타고 피츠버그에 간 뒤, 피츠버그에서 뉴욕행 메가버스를 타는 것이었다. 복잡한 과정은 아니지만 셔틀버스가 피츠버그에 도착하는 시각과 메가버스 출발시각 사이의 틈이 촉박했고, 처음 캠퍼스 밖을 홀로 나서게 되는 것이어서 조금은 긴장이 되었다.

시작부터 꼬인 첫 여행

  캠퍼스를 떠나는 당일, 길이 조금 막혔지만 다행히 10분 정도 여유를 두고 메가버스 정류장에 도착했다. 그런데 가보니 덩그러니 세워져있는 정류장 표지판 외엔 버스도, 다른 사람들도 없었다. 이게 무슨 일인가 의아했지만 출발시각 2, 3분 전에 갑자기 버스가 나타난다는 후기를 보기도 해서 출발시각까지 일단은 기다려보기로 했다. 그러나 왜 불길한 예감은 틀리지 않는지, 결국 버스는 예정시간이 지난 뒤에도 나타나지 않았다. 주위에 지나가는 사람들을 붙잡고 물어보아도 아무도 이 상황에 대해 알지 못했고, 직원이나 관계자도 전혀 보이지 않았다. 버스가 오지 않으리란 걸 확신한 뒤, 절망적인 심정으로 근처 건물을 돌아다니며 건물 내 여러 직원들에게 메가버스에 대해 물었다. 그랬더니 그 중 한 명이 원래 정류장 근처에서 오늘 행사가 있는 바람에 옆 블록이 임시 정류장으로 바뀌었다는 사실을 알려주었다. 임시 정류장이 되었다는 그 옆 블록으로 가보니 그곳 역시 메가버스에 관한 아무런 표시도 없었고, 메가버스 직원이라는 두 사람은 승용차 안에서 사복을 입고 근무를 하고 있었다. 나중에야 메가버스 사이트에 그날 피츠버그 정류장이 임시로 바뀔 거라고 공지한 사실을 알았지만 그럼에도 허탈감은 사라지지 않았다. 기존 정류장에 위치가 바뀌었다는 안내문 한 장만 붙여두었어도 이런 일은 없었을 텐데, 냉정한 미국 사회에서 스스로가 어리게 느껴져 눈물이 났다. 결국 나는 세 시간 정도 뒤에 있던 다음 버스를 예매했고 그동안 근처 스타벅스에서 과제를 하며 시간을 보냈다. 처음부터 여행을 망친 기분이라 의기소침했지만 오히려 과제를 할 수 있으니 더 잘 된 일이라고 애써 합리화했다. 그런데 카페에 들어온 지 한 시간 정도가 지났을까, 직원이 다가와 곧 카페 문을 닫을 예정이라고 했다. 주말인데다 오후 3시도 채 되지 않은 시각이었는데 말이다. 그렇다고 가까이에 다른 카페가 있는 것도 아니었다. 또다시 나는 거리로 나와야 했고, 주위를 전전하다가 세시가 넘어서야 비로소 뉴욕행 메가버스를 탈 수 있었다. 그 다음엔 버스에 탔다는 사실이 감격스러워 긴 이동 시간은 아무렴 개의치 않았다. 그저 뉴욕에서 나를 기다리고 있을 친구를 위해서 한시라도 빨리 도착하고 싶은 마음이었다. 그렇게 밤 열한시가 지나 버스는 뉴욕에 도착했고, 거대하고 낯선 도시에서 나와 친구는 감격스러운 재회를 하게 되었다.

온통 파랗던 브루클린의 첫인상

우리가 머물렀던 숙소는 브루클린에 위치한 작은 에어비앤비로, 우리는 다음날 브루클린 브릿지를 건너 맨해튼으로 가기로 했다.

길었던 하루가 지난 다음날은 조금 추웠지만 날씨가 흐리진 않았고, 덕분에 우리는 햇살이 넉넉히 들어오는 카페에서 브런치를 먹으며 오전을 보낼 수 있었다. 밥을 먹은 뒤에는 유명한 Dumbo의 포토스팟에 가서 사진도 찍고, 근처를 둘러보면서 브루클린 브릿지에 도착했다. 브루클린 브릿지는 브루클린과 맨해튼을 잇는 다리 중 하나로, 거대하고 고풍스러운 멋이 있는 뉴욕 명소 중 하나다. 그런 브루클린 브릿지에 발을 디디니 속이 뻥 뚫리는 해방감이 느껴졌다. 파란 하늘에 더 파란 강물, 그 사이에서 굳건히 제자리를 지키는 다리와 그 위를 자유롭게 걷는 사람들이 조화롭게

아름다웠다. 거기에 시원한 바람까지 부니 여행이 본격적으로 시작된 동시에 하이라이트를 맞이한 느낌이 들었다. 그런 분위기에 신이 난 우리는 폴짝폴짝 뛰기도 하고, 까르르 웃기도 하며 그 순간을 마음껏 즐겼다. 다리를 건너는 걸음걸음이 아쉬울 정도였다.

확실히 브루클린은 맨해튼보다 더 가볍고 자유로운 느낌이었다. 지금도 브루클린을 떠올리면 마음속에 푸른 바람이 가득 차는 기분이다.

브로드웨이, 그리고 뮤지컬 <위키드>

뉴욕여행의 또 다른 하이라이트는 뮤지컬이었다. 뉴욕하면 빼놓을 수 없는 것이 뮤지컬이라, 우리는 가격이 비싸도 한 편은 보자는 생각으로 한국에서 미리 <위키드> 티켓을 구매해두었다. 어릴 때 한번 본 것 이후로 뮤지컬은 처음이라 며칠 전부터 나는 잔뜩 기대를 했다. 뮤지컬 넘버를 알고 들으면 훨씬 좋다는 후기를 보곤 몇 주 전부터 미리 노래를 들어놓기도 했다. 공연 당일, 시간에 맞춰 공연장에 도착한 우리는 곧바로 자리를 찾아 착석했다. 우리가 갔던 브로드웨이의 공연장은 전체적으로 약간 둥근 형태라 객석에 앉은 사람들이 잘 보였고, 한국의 진지한 뮤지컬 문화와는 달리 복작거리고 들뜬 분위기로 가득 채워져 있었다. 편하고 자유로운 분위기는 공연이 시작된 후에도 마찬가지였다. 사람들은 공연 중간에도 폭소를 터뜨리거나 환호를 하는 등 무대 위의 배우들에게 적극적으로 반응했고, 덕분에 공연은 더욱더 생생한 활기를 띠었다.

뮤지컬은 기대 이상으로 재미있었다. 전체 공연을 끌어가는 배우들 한명 한명의 에너지가 정말 놀라웠고, 특히 주연 엘파바와 글린다를 맡은 배우들은 가히 폭발적이라고 할 만큼 엄청난 에너지를 발산했다. 힘을 합쳐 관객들에게 에너지를 주는 모습이 존

경스러울 정도였으니, 그 울림이 얼마나 컸는지 지금 돌이켜봐도
그저 놀랍기만 하다. 절정은 뭐니 뭐니 해도 1부의 마지막에 엘파
바가 부르는 'Defying gravity'라는 넘버였다. 이 곡은 중력을 거
슬러 서쪽 하늘로 날아갈 거라는 엘파바의 굳은 의지가 담긴 곡
으로, 〈위키드〉의 대표넘버이기도 하다. 엘파바가 마지막 고음을
지를 때 실제로 그는 무대 꼭대기까지 날았는데, 그때 느꼈던 전
율은 다시 생각해도 정말 짜릿하다. 뮤지컬이 끝나고 저녁을 먹으
러 가는 길에도 그 순간의 여운이 가시지 않아 우리는 'Defying
gravity'를 부르며 맨해튼 밤거리를 활보했다.

카페모카와 베이글, 그리고 박물관과 미술관

우리는 주요 볼거리 티켓을 묶음으로 판매하는 빅애플5를 구매해서 여행을 다녔다. 덕분에 3박 4일의 시간 동안 자유의 여신상, 자연사 박물관, 메트로폴리탄 미술관, 록펠러 빌딩, Moma에 가는 일정을 소화해야했고, 결론적으로는 조금 무리한 일정이 되었다. 우리가 고려하지 못했던 건 뉴욕이 아주 큰 도시라는 점이었다. 뉴욕은 모든 건물이나 장소, 심지어 거리의 블록조차도 여타 도시들보다 넓고 큰 곳이었다. 그렇다보니 대중교통이나 우버를 이용하더라도 기본적으로 걸어야하는 거리가 꽤 되었고, 더욱이 우리가 갔을 땐 날이 아직 풀리지 않아서 바깥을 걷는 일이 더욱 고역이었다. 그렇게 이동하는데 시간이 많이 소요되다보니 박물관이나 미술관을 하나하나 진득하게 둘러볼 만큼 여유가 있진 못했다. 여행 당시엔 구매한 모든 티켓을 써야 한다는 생각에 바삐 이곳저곳을 다녔지만 지금 생각해보면 그렇게 서두르지 않아도 됐을 텐데, 하는 아쉬움이 남는다.

여행 내내 추운 날씨가 계속됐지만, 그 중에서도 가장 추웠던 순간은 둘째 날 자유의 여신상을 보러갔을 때였다. 여신상이 있는 리버티섬에 가기 위해 오전에 페리를 탔는데, 다행히 하늘은 쾌청했지만 바람이 정말 매서웠다. 정신이 아찔할 정도의 추위에 손발

은 꽁꽁 얼었고, 머릿속엔 아무 생각도 들지 않았다. 그럼에도 우리는 불굴의 의지로 섬 한 바퀴를 돌고, 찬 공기에 굳은 손을 가까스로 움직여가며 맨해튼의 풍경과 우리를 카메라에 담았다. 페리에서 내리고도 우린 전날 봐두었던 베이글 가게에 가기 위해 걸었고, 베이글을 포장한 뒤에는 카페에 가기 위해 또 다시 걸어야 했다. 그렇게 힘겹게 찾아들어간 스타벅스에서 우리는 마침내 점심을 먹으며 쉴 수 있었다. 이때가 뉴욕여행 중 제일 힘들었던 때였지만 동시에 제일 기억에 남는 순간 중 하나이기도 하다. 이때 마신 카페모카가 지금껏 마셨던 커피 중 가장 맛있었기 때문이다. 카페모카는 추위에 꽁꽁 언 나에게 따뜻한 온기와 당, 카페인을 한꺼번에 주었다. 한 모금을 마실 때마다 에너지가 혈관을 타고 온몸으로 퍼지는 느낌이었다. 베이글은 훈제연어와 토마토가

들어간 조합이었는데 베이글 역시 정말 든든하고 맛있었다. 이날
먹은 점심은 어느 식당에서 제대로 갖춰 먹은 식사는 아니었지만
뉴욕에서 먹었던 것 중 가장 맛있었던 한 끼였다.

도심에서 맞이한 환상적인 노을

  만약 누군가 내게 뉴욕에서 꼭 해야 할 하나를 묻는다면, 나는
주저하지 않고 해가 지는 순간에 록펠러 타워에 올라가라고 말할
것이다. 그만큼 록펠러 타워에서 내려다본 해질녘의 뉴욕시티는
정말 아름다웠다. 해가 조금씩 낮아질 무렵, 우리는 메트로폴리탄
미술관을 나와 뉴욕의 상징인 노란 택시를 타고 록펠러 타워로 향

했다. 여전히 추위는 가시지 않았지만 하늘은 깨끗해 노을이 멋질
거라는 기대감이 한껏 들었다. 그렇게 타워에 도착하자마자 바로
티켓을 들고 꼭대기 층으로 올라갔다. 타워의 꼭대기인 전망대는
그리 넓지는 않았는데, 그 좁은 곳에 정말 많은 사람들이 모여 한
적할 새 없이 북적거렸다. 그 북새통에서도 잔잔히 찾아온 노을은
이내 온 하늘을 주황빛으로 물들였다. 사람들은 각자 좋은 위치
를 차지하기 위해 은근한 경쟁을 하기도 하고, 소중한 순간을 서
로 카메라에 담아주기도 하며 일몰을 즐겼다. 나와 친구 역시 환
상적인 경치에 감동하여 쉼 없이 사진을 찍었다. 그리고 카메라엔
담기지 않는 모습을 기억하고자 저물어가는 하늘을 두 눈으로 보
고 또 보았다. 달리 묘사하기 힘들 정도로 아름다운 풍경이었다.
전망대에서 노을을 충분히 즐기고 내려오니 곧 해가 저물어 어둠
이 찾아왔다. 어스름한 거리를 걷고 있으니, 그 높았던 곳에서 뉴
욕의 일몰을 본 것이 마치 꿈처럼 느껴졌다.

비 내리던 소호의 밤, 친구 셋

뉴욕의 마지막은 소호에서 보냈다. 마침 뉴욕으로 출장을 온 친
구가 있어 셋이 소호에서 만나기로 했다. 비가 부슬부슬 내리는
밤, 세련되고 어두운 분위기의 펍에서 오랜만에 만난 친구는 무

척 반가웠다. 친구를 만난 것도 좋았지만, 무엇보다 한국에서 같이 학교 수업을 듣던 우리가 뉴욕에서 이렇게 만나게 된 것이 신기하게 느껴졌다. 괜히 더 어른이 된 것 같다는 우스운 생각이 들었다. 우리는 절인 올리브를 안주로 술을 한 잔씩 시켜 서로의 근황을 전했다. 그동안 워낙 달리 살아와서 근황만으로도 할 말이 정말 많았다. 신기한 건 그렇게 각자 다른 경험을 하고, 각자 다른 걸 느꼈는데도 서로에게 공감되는 지점이 정말 많았다는 점이다. 그건 아마 우리가 다른 곳에 있어도 같은 인생의 시기를 살아가는 사람들이기 때문일 것이다. 그렇게 우리는 서로의 이야기에 신기해하기도, 맞장구치기도 하며 이야기꽃을 피웠고, 또 다시 각자의 위치로 돌아갔을 때 열심히 살자는 다짐을 하며 다음 만남을 기약했다. 나는 이런 대화를 나눌 수 있는 친구들이 있다는 게 그저 감사하게 느껴졌다.

 이렇게 짧지만 여러 순간이 하이라이트였던 뉴욕 여행이 끝이 났다. 사실 여행 내내 정말 춥기도 했고, 목적지를 일일이 찾아가는 게 힘들기도 해서 마냥 좋기만 했던 여행은 아니었다. 앞에서 적진 않았지만 싸게 구한 우리의 숙소는 정말 추웠고, 구글맵은 자주 에러가 났다. 하지만 그럼에도 우리가 마주한 뉴욕은 충분히 매력적인 도시였다. 사람의 진을 빠지게 할 정도로 커다랗지만 그 거대함이 주는 묵직한 인상이 있었고, 너무 많은 인파로 복잡한 와중에도 사소한 친절을 마주칠 수 있었다. (마지막 날 밤 갔던 카페에서 스태프들이 마감시간이 다 되었다며 그냥 커피를 만들어줬던 일은 아직도 따뜻한 기억으로 남아있다.) 피츠버그로 돌아오는 버스에서 뉴욕여행을 돌이켜보며, 힘들었지만 행복했던 이번 여행만큼 앞으로의 교환생활도 열심히, 즐기면서 보내고 싶다는 생각이 들었다. 그 생각은 이내 다짐으로 바뀌었고, 그렇게 나는 단단한 동기를 가지고 다시 캠퍼스로 돌아올 수 있었다.

Chapter5.

소규모 학교,
좋거나 혹은 좋지 않거나

앞서 언급했듯 내가 머물렀던 Washington & Jefferson College는 규모가 작은 학교였다. 그래서 매년 파견 오는 교환학생들 역시 스무 명 남짓한 인원으로 많지 않았고, 덕분에 교환학생들끼리 비교적 쉽게 얼굴을 익히고 친하게 지낼 수 있었다. 대륙도, 국가도 다른 곳에서 온 교환학생 친구들은 차이점이 크다면 더 컸지만 낯선 곳에 홀몸으로 왔다는 점에선 모두가 같은 처지였다. 그래서 우리는 더욱 서로를 돕고 서로에게 의지했다. 강의실에서, 헬스장에서, 카페테리아나 도서관 등 교내에서 매일같이 마주치는 교환친구들과 인사하며 small talk을 나누는 것은 나의 소소한 기쁨 중 하나였다. 물론 이는 단지 교환학생들 사이에서만 해당하는 일은 아니었다. 학교 곳곳에서 만나는 친구들과, 그 친구들의 친구들과 이야기를 나누다 보니 한 두 다리에 걸쳐 연결되는 관계가 점점 늘어났다. 그러다 보니 점심을 먹을 때면 이 친구, 저 친구와 다 함께 동석하게 되는 경우가 잦았고, 덕분에 대화소재가 떨어질 새 없이 정말 다양한 주제의 내화를 나눌 수 있었다. 함께하는 시간이 길어지니 관계도 더욱 깊어졌다. 각자의 삶에 대해, 논쟁의 여지가 있는 이슈에 대해 이야기를 하면 할수록 우리는 서로를 더 잘 알게 되었다. 어느 날은 어느새 친구들과 속 깊은 얘기를 나누는 나를 보며 스스로 놀란 적도 있었다. 외국인 신분으로, 외국어를 사용해 다른 외국인 친구들과 이렇게 깊은 사이가 될 줄은 상상도 못했기 때문이다. 개강 한 지 한두 달정도가 지나니 익숙해진 얼굴들도 많아졌다. 내가 공부하는 곳 근처에서 공부하는 사람들, 특정 요일에만 마주치는 사람들 등등이 점점 눈에 들어왔다. 비록 그 모든 사람들과 친밀하게 지내진 않았지만 이들의 존재는 갈수록 내게 친숙감을 주었다. 이러한 친숙감으로 나는 학교에 소속감을 느낄 수 있었고, 소속감은 공동체에 대한 애정과 자신감을 심어주었다.

 물론 서로 이리 저리 얽혀있는 관계가 늘 긍정적인 것만은 아니다. 한 관계가 어긋나면 그것이 나머지 관계에도 영향을 미칠 수 있기 때문이다. 학창시절 미묘했던 친구관계만큼은 아니지만, 그래도 다 함께 만날 때면 혹시나 하는 껄끄러움이 조금씩 있던 건 사실이었다. 어떤 경우엔 한 친구가 다른 친구와 다퉈 아예 모두와 어울리지 않기도 했다. 나는 내가 어쩔 수 없는 관계들에 대해선 그저 그들이 더 나빠지지 않길 바라는 수밖에 없었다. 또한 모두가 모두를 알다 보니 서로에 대한 가십이 보다 노골적으로 오고 가기도 했다. 누가 게이인 것 같다느니, 누가 누구랑 성관계를 했다느니 하는 말들을 심심찮게 들을 수 있던 것이다. 한편으론 다수에 의해 한 사람에 대한 평가가 극명하게 갈리기도 했다. 실은 대부분의 인간관계가 이런 식이겠지만 공동체의 규모가 작을수록 그러한 말들이 더욱 가까이 들리는 것은 어쩔 수 없었다.

Chapter6.

영어는 어떻게 하냐고요?

한국에서 나고 자란 한국인인 이상, 외국에 나갈 때 가장 걱정되는 문제는 아무래도 언어일 것이다. 아무리 학창시절에 영어공부를 열심히 한들 원어민 선생님과 몇 마디 나누는 것 빼곤 외국인과 대화를 해볼 기회가 많지 않으니 어찌 보면 당연한 일일 수밖에 없다. 나도 학교를 처음 배정받고는 무척 설렜지만 한편으론 영어 걱정이 앞섰다. 언어를 유창하게 한다고 해도 다른 문화권에 적응하는 일이 여간 쉽지 않을 텐데, 의사소통에서부터 막혀버리면 어떡하나 싶은 생각이 불현듯 들었다. 그래서 출국 전까지 미드를 보거나 유튜브에서 영어 콘텐츠를 찾아보는 등 영어와 미국사회에 익숙해지려고 나름대로 노력했지만 그럼에도 걱정되는 건 어쩔 수 없었다.

Mission 1 : 영어로 수업 듣기

학기 초반에 가장 힘들었던 건 단연 토론식 수업이었다. 외국학교에서 수업을 듣는다고 상상하면 흔히들 떠올리는 게 편한 분위기에서 자유롭게 토론하는 수업일 것이다. 내가 파견 온 학교 역시 그러한 형식의 강의가 많았고, 학교규모가 작아 대부분의 수업이 소규모로 이루어졌다. 내가 들었던 수업들은 기본적으로 모두 학생참여적인 수업이었고 그 중에서도 두 개는 철저하게 토론으로만 이루어진 수업이었다. 처음 수업을 들으러 간 날, 제일 인상 깊었던 것은 자유롭고 단란한 교실 분위기였다. 교실에 옹기종기 모여 서로 편하게 대화하고, 심지어 교수님도 학생들과 허물없이 이야기를 나누는 모습이 무척 놀라웠다. 하지만 놀란 것도 잠시, 분위기가 그렇다보니 나 역시 금방 적응해 편한 마음으로 수업에 임하게 되었다. 첫 주엔 진도를 나가기보단 교수님이 전반적인 수업계획을 설명하고, 서로를 알아가는 시간을 보냈던 터라 별 어려움이 없었다. 그때는 오히려 앞으로의 수업이 기대돼 그저 신나기만 했다.

그러나 본격적으로 수업이 시작된 2주 차는 달랐다. 교수님 설명이 주를 이루는 통계수업이나 학생들의 발표 비중이 큰 스피킹 수업을 제외하고, 나는 2주 차 수업에서 단 한 마디도 하지 못했다. 일단 토론의 흐름을 따라가는 것부터가 무척 벅찼다. 사방에서 쉴 새 없이 주고받는 말을 듣고 이해하는 것만으로도 머리가 팽팽 도는데, 내 생각을 정리할 틈은 있을 수 없었다. 혹여 하고 싶은 말이 생겨도 그것에 관련된 논의는 이미 한참 지난 뒤라 말을 꺼내지 못한 경우도 허다했다. 그 뿐만이 아니었다. 토론을 위해 매주 읽어야 할 자료, 써내야 할 페이퍼를 소화하는 것도 결코 쉽지 않았다. 수업의 난도도 난도였지만, 생각보다 훨씬 많은 양의 과제에 절로 곡소리가 나왔다. 수업을 듣는 시간을 제외하곤 대부분 읽기자료나 노트북을 붙들고 있어야 할 정도였다. 모르는 단어가 끊임없이 나오는 자료를 꾸역꾸역 읽으며, 남들은 교환학생에 가면 전부 재밌게 놀거나 여행한다는데 나는 왜 이런가 싶어 괜히 억울한 마음까지 들었다.

　하지만 하늘이 무너져도 솟아날 구멍은 있다고, 조금씩 수업에 익숙해지고 나의 일상패턴도 자리를 잡아가니 어느덧 토론이나 과제가 감당 가능한 수준이 되었다. 영어실력이 늘었기보다는 수업에 익숙해진 결과였다. 그리고 비록 앞서선 우는 소리를 냈지만 사실 나는 웬만한 공부는 즐기면서 할 수 있었다. 힘들어도 그것이 내가 배우고 싶었던 것들이었기 때문이다. 원래 관심을 가지고 있던 분야다보니, 평소 관련해서 가지고 있던 고민들이 수업을 통해 자연스럽게 발현되었다. 머릿속에만 있던 두루뭉술한 생각은 학문적 개념을 통해 구체적으로 정립되었고, 덕분에 내 생각은 더욱 확장되거나 정리될 수 있었다. 또 읽기자료가 어려워도 토론을 통해 우리끼리 얘기하다보면 추상적인 개념이 더 쉽게 이해되기도 했다. 한 교수님은 학생들이 의견을 말하면 자주 "Expand"라고 말씀하시며 우리에게 더 자세하게 풀어낼 것을 요구하셨는데, 그렇게 내 생각을 말로 끄집어내다보면 신기하게도 어느새 생각이 정리되곤 했다. 토론에 점점 익숙해지면서 나도 더 자주 내 생각을 말하게 되었고, 그때마다 고개를 끄덕이며 동의해주는 친구들을 보면 그렇게 뿌듯할 수가 없었다.

Mission 2 : 영어로 일상 살아가기

수업도 수업이지만 본격적으로 회화실력이 늘게 된 것은 다양한 친구들과 어울리면서부터였다. 미국은 낯선 사람과도 가볍게 대화를 나누는 small talk 문화가 있는 나라다. 그러다보니 일상적으로 여러 사람들과 대화할 수 있었는데, 다행히도 나는 그런 대화에 피로감보단 즐거움을 느끼는 편이었다. 그래서 어디에서든 누군가와 대화하는 순간이 정말 많았고, 덕분에 현지에서 자주 쓰이는 표현이나 미국인들의 억양, 제스처를 자연스럽게 체득할 수 있었다. 그리고 주로 어울리는 친구들과 사이가 깊어질수록 점점 깊은 대화를 나누게 되었는데, 그럴 때마다 복잡한 생각을 섬세하게 전하려 애쓰다 보니 더욱 적절한 표현을 구사하게 되었다. 물론 이렇게 적었지만 그렇다고 실력이 월등하게 향상된 건 아니었다. 하지만 그럼에도 어려운 주제에 대해 어떻게든 이야기하는 나를 발견하거나, 친구의 농담에 능청스럽게 대꾸하는 나를 발견할 때면 스스로 회화실력이 늘었다는 걸 자주 느꼈다.

처음 영어를 말할 땐 내가 쓰는 표현에 대한 자신이 없었다. 순발력 있게 옳은 문장을 만들어내는 것도 어렵고, 아무리 문법적으로 옳다 하더라도 문맥적으로는 어색한 표현일 수 있다는 지레짐작 때문이었다. 그래서 한동안은 '나는 영어가 어색한 외국인이다'라는 사실을 온몸으로 티를 내면서 다녔다. 확신에 차지 않은 표정이나 멋쩍은 웃음, 'I don't know'와 같이 대충 넘어갈 수 있는 표현은 나의 부족한 영어실력을 무마하기 위한 필수요소였다. 하지만 내가 의지할 수 있는 사람들이 생기고 나니, 낮은 자신감은 나를 위축시키기보단 오히려 배움에 대한 열망을 더 키워주었다. 그 후 내가 영어에 서툰 외국인이라는 자각은 오히려 나로 하여금 질문의 경중에 개의치 않고 궁금한 것은 무엇이든 주위에 물어보도록 만들었다. 그리고 그런 나에게 친구들과 교수님, 그리고 교내의 스태프 분들은 평소 영어사전에선 알 수 없었던 많은 것들을 가르쳐주었다. 이것과 관련해 가장 기억에 남는 일화가 하나 있는데, 어느 날 전공수업의 과제로 읽어가야 했던 논문을 보던 중 저자가 '유색인종'을 지칭하는 표현으로 'colored people'가 아닌 'people of color'를 사용하는 것이 의아하게 느껴졌다. 적어도 내가 아는 바로는 전자가 더욱 널리 쓰이는 표현이었기 때문이다. 또 두 단어로 쓸 수 있는 걸 왜 굳이 세 단어를 썼나 싶은 단순한 생각이 들기도 했다. 그래서 교수님께 한 표현만 사용하는 저자의 의도가 있는지, 만약 그렇다면 두 표현이 어떤 맥락에서 차이가 있는지 메일로 여쭤보았다. 며칠 후 교수님은 정말 생각지도 못한 답장을 보내오셨다. 교수님은 'colored people'이 인종분리정책이 시행되던 시기에 흑인들이 겪었던 차별의 잔재가 남아있는 표현이라고 하셨다. 그때 당시엔 음수대나 화장실 같은 대부분의 사회시설이 백인 전용과 유색인종 전용으로 나뉘어있었는데, 이를 구분하기 위한 팻말에 적혀있던 것이 'for coloreds'이나 'no coloreds'같은 표현이었던 것이다. 이러한 표현은 인종차별이 법적으로 금지된 이후로도 유색인종을 백인보다 열등한 존재로 암시하는 어감을 그대로 지니게 되었고, 그래서 그 대안으로 'people of color'라는 표현이 나오게 된 거였다. 이 답장을 읽고 나는 얼마간 얼이 빠져있었다. 미국에 오지 않았다면 평생 두 단어의 차이를 모르고 살았을 거라는 생각이 들었기 때문이다. 이런 식으로 한국 밖에서만 배울 수 있는 것들을 알아갈 때마다, 나는 내 안의 또 다른 내가 새로 태어나는 기분을 느꼈다.

듣고, 듣고, 또 듣기

미국에 있는 동안 직접 부딪혀가며 체득한 것 중 하나는 모든 언어의 기본은 '듣기'라는 것이었다. 외국에 나가보니, 현지에서 들리는 영어는 내가 지금껏 들어왔던 영어듣기와는 매우 달랐다. 조금만 신경을 다른 곳으로 돌리면 상대방이 무슨 말을 하는지 알 수 없었고, 현지 학생들끼리 나누는 이야기는 별나라 언어처럼 들릴 때도 많았다. (아무래도 나 같은 외국인에게 말할 땐 좀 더 이해하기 쉽게 배려해주는 경향이 있었다.) 마치 동네 수영장에서 물장구를 치다가 파도가 철썩이는 바다에 던져진 느낌이었다. 더 이상했던 건 상대의 말에 내가 모르는 단어가 없었음에도 어떤 말인지 곧바로 이해되지 않는 경우였다. 어휘의 문제가 아니라면 원인은 듣기라고 볼 수밖에 없었다. 제대로 된 소통을 하려면 상대방이 내는 소리를 단지 듣기만 하는 게 아니라 그가 무슨 말을 하려는 건지까지 들을 수 있어야 했다. 거기까지 생각이 미치자, 그 다음부터 나는 의식적으로 '들으려는 노력'을 하기 시작했다. 누군가와 대화를 하게 되면 귀를 쫑긋 세웠고, 뇌에 힘을 주며 문장 하나하나를 이해하려고 애썼다. 그렇게 온 세포가 귀로 모여드는 감각을 생전 처음 느끼며, 진정으로 듣기 위한 나의 노력이 시작되었다.

그렇게 본격적으로 상대의 입에서 흘러나오는 말을 귀에 담으려고 하다 보니 의사소통은 더욱 수월해졌다. 그뿐만 아니라 아주 중요한 한 가지 변화도 생겼는데, 바로 다양한 친구들의 여러 억양을 매력적이라고 느끼게 되었다는 점이다. 처음에는 자연스럽게 미국인, 그 중에서도 백인의 억양을 정석이라고 여겼고, 그러다보니 누군가 그와 다른 억양을 사용하면 그게 그렇게 낯설게 느껴졌다. 독일 친구들이 하는 영어는 어딘가 딱딱하게 들리고, 프랑스 친구들이 하는 영어는 어눌하게 들리는 식이었다. 일본에서 온 친구도, 페루에서 온 친구도, 또한 미국인이라도 유색인종에 해당하는 친구 역시 제각기 다른 억양을 가지고 있었지만 나에겐 하나같이 낯선 억양들일 뿐이었다. 한동안 나는 나의 한국식 억양을 포함해 이런 '정석이 아닌' 억양을 극복해야 할 억양으로 인식했다. 그래서 한국인인 내가 한국 억양을 쓰는 게 실은 자연스러운 것인데도 괜히 부끄러울 때가 많았다. 하지만 듣는 태도를 바꾸니 그런 생각이 희미해지더니, 어느 순간엔 아예 사라지게 되었다. 대신에 억양은 개개인의 삶이 빚어낸 고유한 소리라는 생각이 들었다. 그렇게 생각하니 정말 놀랍게도 친구들 한명 한명의 억양이 색다르게 들렸다. 그 중 누구랄 것 없이 친구들의 억양은 매력적이었고, 그 목소리를 가만히 듣고 있으면 무의식적으로 나와 만나기 전 그들의 삶을 상상해보게 되었다. 타인의 소리를 듣는 재미를 느끼니 나와 대화하는 사람들이 더 소중하게 느껴졌다. 그러니 이제는 누가 더 미국식 억양에 가깝게 말하는가를 판단하는 건 가장 쓸모없는 일이 되었다.

자신감의 다른 말, 평범함

똑같이 외국에 나가서 살게 되더라도 외국어에 얼마나 노출되느냐는 사람마다 천차만별이다. 그 중에서 나는 한국인이 매우 적은 학교로 교환학생을 오게 되었고, 한국인들끼리도 거의 영어로 대화했기 때문에 일상적으로 계속 영어에 노출되는 환경에 있었다. 그러니 자연스럽게 회화실력이 향상되는 건 어찌 보면 당연한 일이었다. 이 대목에서 절대적인 실력 향상만큼이나 중요했던 건 자신감이었다. 내가 말하고자 하는 영어에 대한 자신감은 '나 영어 이만큼 잘해!'와 같이 뽐내는 마음이 아니다. 그보단 영어로 의사소통을 하는데 부담이나 문제가 크게 없어 되레 평범해진 마음가짐에 가깝다. 미국에서 지내는 동안은 어차피 한국어를 쓸 수 없으니, 발음이고 문법이고를 떠나서 내가 영어를 써야 하는 건 불보듯 뻔한 일이었다. 그렇게 되니 시간이 갈수록 실력과는 상관없이 내가 영어를 말하는 게 너무 당연한 일로 느껴졌다. 그런 환경에서 영어로 대화가 안 통하면 어쩌나 싶은 걱정은 어느새 못 알아들으면 다시 물어보면 된다는 생각으로 바뀌었고, 나중엔 내가 타인에게 먼저 서슴지 않게 말을 걸기도 했다.

　자신감이 더해진 내 영어실력은 종강 후 떠난 유럽여행에서 그 빛을 발했다. 내 예상과는 달리, 유럽 내 비영어권 국가에서 영어로 소통하는 것은 꽤 쉽지 않은 일이었다. 대부분이 어느 정도 영어를 이해하기는 하나 물 흐르듯 대화할 수 있는 수준은 아니었다. 덕분에 나는 paraphrasing(쉬운 문장으로 바꿔 말하기)과 온갖 제스처를 사용하며 영어를 써야 했는데, 그러다보니 같은 얘기도 좀 더 자연스럽게 이야기할 수 있게 되었다. 또 같은 여행자 신분으로 미국인들과 만날 때면 마치 내 모국어가 영어인 것처럼 그들을 반가워하고 함께 대화했다. 특히 뉴욕에서 런던으로 향하는 비행기에서 내 옆자리였던 미국인 여성분이 내게 했던 말은 아직도 기억에 남는다. 그 분이 나와 대화하던 도중에 대뜸 "By the way, your English is really good.(영어 꽤 하시네요.)"이라며 내 회화실력을 칭찬했던 것이다. 그동안 한번도 그런 칭찬을 받아보지 못한 나는 놀라면서도 뿌듯한 마음을 감출 수 없었다. 그 작은 칭찬은 내가 더 자신 있게 영어를 써가며 유럽을 누빌 수 있었던 원동력이 돼주었다.

나의 깨알회화 TIP : 문장일기를 써보자

  아주 사소한 계기로 시작했으나 지금은 너무나 소중한 자산이된 나의 회화공부법을 소개해보고자 한다. 바로 문장일기를 쓰는 것인데, 방법은 간단하다. 하루 동안 지내며 들은 말 중 기억에 남는 문장을 통째로 적고, 그 문장에 대한 설명이나 생각 등을 자유롭게 적으면 되는 것이다. 기억에 남는다는 기준은 자기 마음대로 정하면 된다. 남이 나에게 해준 칭찬이나 생소한 표현도 좋고, 그냥 재밌는 문장이어도 괜찮다. 어떤 이유에서든 오래 기억하고 싶다면 문장일기의 소재가 되기에 충분하다. 글의 길이도 쓰고 싶은 만큼만 쓰면 된다. 애초에 문장 하나에 얽힌 내용이라서 부담되는 분량이 아니다. 나 역시 일기라기보단 메모에 가까울 정도로 간략하게 작성했다.

  별 것 아닌 거 같아 보이는 이 작은 습관에는 무려 세 가지의 장점이 있다. 첫째는 상대방의 말을 더 집중해서 듣게 된다는 것이다. 언제 어디서, 그리고 누가 내가 기억하고 싶을 만한 문장을 말할지 모른다. 그러니 밥을 먹을 때든 수업을 들을 때든, 누군가 말을 하면 상대의 입에서 어떤 문장이 흘러나올까 예의주시할 수밖에 없다. 또한 기억하고 싶은 문장을 듣더라도 이를 정확히 듣지 않으면 후에 완전한 문장으로 기억을 복원해내기가 쉽지 않다. 그러다보니 상대가 말한 문장 그대로를 캐치하려고 노력하게 되고, 이러한 듣는 태도는 자연스레 매끄러운 대화법을 익히게끔 해준다. 두 번째는 문장을 통째로 기억하게 되니 이 문장들을 실생활에서 바로 써먹을 수 있다는 점이다. 말하기 전 머릿속에서 단어를 고르고 배열하는 작업이 필요치 않은 것이다. 더군다나 그러한 문장은 실제로 누군가가 썼던 것이다 보니 내가 말하는 것보다 실은 더 자연스러운 표현이기도 하다. 우리가 한국어로는 "고마움을 표할게"보다는 "고마워"라는 표현을 더 자주 쓰듯, 같은 의미일지라도 상황에 따라 좀 더 적절한 표현이 있다. 하지만 이같이 미묘한 맥락은 해당 문화에 생경한 외국인 입장에서는 알아채기 쉽지 않은데, 이때 주위에서 들렸던 문장을 최대한 활용해 사용하다보면 어떤 표현이 자연스럽거나 상투적인지 점차 가늠할 수 있게 된다. 이를 현지 친구들에게 문장이 괜찮은지 물어보면서 사용한다면 더 유용한 말하기 방법이 된다. 마지막으로는 그 문장을 들었던 순간을 더욱 잘 간직할 수 있게 된다는 점이 있다. 나는 문장일기에 당시의 상황이나 내가 그 문장이 좋은 이유 등을 시시콜콜하게 적었는데, 사실 이런 것들은 너무 사소해서 하루 전체를 적는 일기에는 대개 안 쓰기 마련이다. 그러나 문장일기에서는 찰나의 순간 하나하나가 글의 소재이니, 그때의 감정이나 생각을 온전히 기록할 수 있다. 그래서 문장일기를 적으면 문장 하나뿐만 아니라 그때의 순간도 고스란히 함께 기억된다. 마치 책 사이에 나뭇잎을 차곡차곡 끼워 넣는 것처럼 작지만 소중하게 말이다. 지금도 교환학생 시절이 그리울 때면 그때 적었던 문장일기를 다시 보곤 하는데, 언제 꺼내보아도 그 모양 그대로 예쁘게 남아있다.

Chapter7.
봄방학 : 외국인 친구와 여행한다는 것

　새로운 삶에 정신없이 적응하다 보니 어느덧 학기의 반이 지나 있었다. 미국의 대학에는 1학기 중간고사가 끝나면 약 일주일간 spring break라 불리는 짧은 방학이 있다. 일주일이면 어디든 가기에 충분한 기간이라 보통은 방학을 이용해 짧은 여행을 가곤 했고, 나 역시 일찌감치 봄방학에 여행을 떠날 생각이었다. 어디를 갈까, 누구와 함께 갈까, 이리 저리 계획을 조율하다 독일인 친구 두 명, 한국인 친구 한 명과 미국 서부에 위치한 그랜드캐니언에 가기로 결정했다. 서부까지는 비행기로, 도착해서는 차를 빌려 이동할 생각이었다. 우중충한 캠퍼스에서 벗어나 따뜻한 서부로 간다니, 게다가 로드트립을 한다니! 봄방학에 대한 로망은 우리 모두를 들뜨게 하기에 충분했고, 시험일정으로 바쁜 와중에도 우리는 틈틈이 모여 숙소를 예약하고 코스를 짜며 여행을 준비했다. 카페테리아나 도서관에서 마주칠 때면 "이제 얼마 안 남았어!"라고 말하며 서로를 응원하기도 했다. 그렇게 하루하루를 지내다 보니 중간고사는 힘든 줄도 모르게 너울너울 지나갔다.

 마침내 중간고사가 끝나고, 길었던 겨울에도 조금씩 봄기운이 피어오르기 시작했다. 3월이 되고 봄방학이 다가온 것이다. 서로 즐거운 시간 보내고 오라며 인사를 주고받은 친구들은 상기된 얼굴로 하나둘 캠퍼스를 떠났다. 우리 일행은 다른 친구들에 비해 출발이 늦었던 터라 나는 잠깐이지만 한적하고 평화로운 캠퍼스를 만끽했다. 그렇게 우리는 여유롭게 짐을 싸고, 카페테리아에서 과일을 잔뜩 챙겨서 라스베이거스로 가는 비행기에 몸을 실었다.

도착해서는 밤이 늦어 바로 숙소로 가서 휴식을 취했고, 이튿날엔 라스베이거스를 구경하기로 했다. 라스베이거스 도시를 구경할 수 있는 시간은 그날 하루뿐이라 이 날은 그저 발길 가는 대로 도시의 분위기를 느낄 생각이었다. 그러나 이때만 해도 우리는 이 안일한 계획이 어떤 결과를 가져올지 아무도 알지 못했다.

다음 날, 동부보다 확실히 따뜻한 날씨에 가볍게 옷을 입고, 평소 입던 트레이닝복을 벗고 나름 멋을 부려 차려입으니 아침부터 흥이 올랐다. 느낌 좋은 여행의 시작이었다. 친구들과 만나기로 한 시간에 맞춰 로비로 나오니 아직 독일 친구 두 명은 오지 않았고 한국인 친구만 와 있었다. 그렇게 십여 분이 흘렀을까, 가만히 앉아 기다리고 있으니 이 장면을 어디서 본 것 같은 느낌이 드는 건 왜일까. 그랬다, 생각해보니 캠퍼스에서 함께 우버를 타고 공항으로 갔을 때도 독일 친구들은 제시간에 나오지 않았었다. 여기까지 생각이 미치자 나도 모르게 기분이 살짝 나빠졌다. 나는 타인과의 시간약속은 철저히 지키려 하는 편이라 상대방이 그렇지 않으면 조금 못마땅해 하는 성격이다. 그러다보니 기다리는 시간이 길어질수록 점점 스트레스가 쌓이기 시작했고, 늦게 나타났으면서도 미안한 기색이 없는 친구들은 그런 내 속을 더 긁어놓았다. 하지만 바쁜 일정이 있는 것도 아니고, 시작부터 이런 감정을 느끼고 싶지 않았기에 안 좋은 감정은 꾹 눌러버렸다. 그리곤 '좋게 좋게 생각하자'고 속으로 되뇌었다.

따뜻하고 활력이 넘치는 라스베이거스는 우리가 상상하던 서부의 모습을 그대로 재현한 도시였다. 화려한 호텔과 건물, 그 사이를 오가는 수많은 사람들과 자동차까지. 동부와는 확연히 다른데다가 곳곳에 도박게임기가 있는 모습이 과연 유흥의 도시다웠다. 무도회장 같은 호텔 로비에서 춤도 추고, 난생 처음 플라밍고도 보고, 그 밖의 도시의 랜드마크 격인 여러 건물을 구경하며 우리는 여유롭게 도시를 돌아다녔다. 걷는 중간 중간 멈춰 서서 사진을 여러 장 찍기도 했다. 하지만 신나는 마음으로 쏘다니는 것도 잠시, 넷은 조금씩 삐걱거리기 시작했다.

  누군가와 함께 여행을 가면 그 사람에 대해 잘 알 수 있다는 말
이 있다. 그도 그럴게, 함께 여행을 하게 되면 종일 붙어 다니면서
그가 특정한 상황에서 어떻게 대처하는지, 어떤 말을 하는지 등을
통해 사소하지만 직관적으로 인물의 됨됨이를 알 수 있기 때문이
다. 우리의 여행이라고 다를 건 없었다. 서로 다른 넷은 서서히 각
자의 차이를 느끼기 시작했다. 나의 입장에서 느꼈던 것을 적어
보자면, 독일 친구들은 전반적으로 행동이 확실하지만 그만큼 느
린 편이었다. 거리를 걸을 때도, 사진을 찍을 때도, 화장실을 다녀
올 때도 항상 충분한 시간을 써가며 움직였다. 좋게 말하자면 여
유롭다고 할 수 있지만 덕분에 나와 다른 한국 친구는 수시로 멈

춰서 독일 친구들을 기다려야 했다. 나는 그동안 내가 행동이 느린 사람이라고 생각했는데 외국 친구들과 함께 있으니 나도 어쩔수 없는 한국인이었다. 그렇게 우리도 모르는 사이에 점점 한국인 일행과 독일인 일행 간 속도차이가 벌어졌다. 또한 아무 계획도 짜지 않았다보니 우리가 어디로 향하고 있는지, 언제쯤 휴식을 취할지 등을 아무도 알지 못했다. 그렇게 어쩌다 보니 한 독일인 친구가 제안했던 곳을 향해 걷게 되었는데, 사실 그곳은 모두가 가기로 동의했던 곳이 아니었다. 게다가 그때 우리가 있던 위치와도 꽤 거리가 있기도 했다. 그곳까지 걸리는 시간을 찾아본 뒤에야 우리는 그곳을 갈지 말지, 간다면 어떻게 갈지 등을 얘기하기 시작했는데, 갑자기 한국인 친구가 자기는 혼자서 도시를 둘러보겠다고 했다. 자신은 그곳에 가고 싶지 않지만 본인으로 인해 나머지 친구들이 안 가게 되는 건 싫다는 거였다. 그렇게 어영부영 일행은 둘로 쪼개졌고, 우리 셋은 그 친구와 따로 도시구경을 하게 되었다. 그러는 동안 내 스트레스는 더 쌓여갔다. 명확히 가고 싶은 곳이 없던 나와 달리 독일 친구들은 각자의 의견을 확실하게 말했다. 하지만 그때 이미 난 많이 걸어서 피곤했고, 어딜 가든 비슷비슷하게 느껴졌다. 근데 또 그렇다고 숙소에 들어가 쉬고 싶진 않으니, 결국엔 내가 그저 친구들을 따라다니는 모양새가 되었다. 그렇게 걷다가, 친구들을 기다리다가, 다시 걷기를 반복하면서 내가 무언가를 참고 있다는 게 느껴졌다. 나만 친구들에게 맞추고 있다는 억울한 생각이 들었다. 일몰 때 다시 합류한 한국인 친구와 따로 얘기해보니 그 친구는 나보다 더 심하게 스트레스를 받고 있었다. 두 독일 친구들이 자기와는 여행스타일이 너무 다르다며, 친구는 앞으론 절대 외국인과 여행하지 않겠다는 말까지 했다. 그 말을 들으니 속으로 아차 싶은 마음이 들었다. 나도 우리의 여행이 이럴 거라곤 예상하지 못해 온종일 속으로 당황스러웠는데 다른 친구마저 그렇게 느낀다고 하니 우리가 너무 섣불리 여행을 결정한 게 아닌가 싶었다. 사실 우리는 만난 지 이제 겨우 한 달 남짓이 되었고, 그것마저도 얼굴만 안다 뿐이지 그리 속 깊은 사이는 아니었으니 말이다. 하지만 당장 손 쓸 도리가 없는 우리 관계의 문제를 차치하고서라도 여전히 문제는 있었다. 우리는 각자 무엇을 원하는지 확실히 말하지 않았고, 그래서 모두가 동의하는 일정을 미리 세우지 못했다. 결국 나와 한국 친구가 원하는 걸 적극적으로 말하지 않았던 점도 문제를 키운 셈이었다. 이때 공동체 내에서 의견을 직접적으로 밝히는 게 그리 익숙지 않은 한국사회의 문화가 내 안에 있다는 게 피부로 느껴졌다. 그날 밤, 나는 잠자리에 들기 전 일기장에 남은 여행이 즐겁진 않아도 끝내 행복할 수 있으면 좋겠다는 소망을 적었다.

다음날은 그랜드캐니언으로 향하는 대망의 로드트립 날이었다. 나는 전날의 스트레스가 완전히 가신 건 아니었지만 그래도 최대한 긍정적으로 생각하려고 했다. 우리는 본격적으로 출발하기 전에 월마트에 들러 물과 간식을 사고, 주유도 충분히 한 후 라스베이거스를 떠났다. 다행히 날씨가 좋아 차에 탄 넷은 다시 설레기 시작했다. 이제 우리의 진짜 목적지였던 그랜드캐니언으로 떠날 참이었다. 가는 길은 이번 여행의 메인 드라이버였던 독일 친구가 운전을 했다. 네 명 다 운전면허가 있었지만 실질적으로 운전을 할 수 있는 사람은 나와 독일인 친구 한 명뿐이라 그 친구와 내가 번갈아가며 운전을 하기로 했다. 신나는 노래를 들으며 기대에 찬 대화를 나누다보니 어느새 차는 도심을 벗어났다. 그리고 이내 드러난 광활한 경치는 우리의 탄성을 자아냈다. 쭉 뻗은 길 양쪽으로 끝이 보이지 않게 펼쳐진 자연과 그 위의 푸른 하늘까지, 마치 천국을 달리는 기분이었다.

마침내 도착한 그랜드캐니언은 예상보다 훨씬 장엄했고, 예상

보다 훨씬 추웠다. 3월 중순임을 잊게 만드는 추위에 정신을 못
차릴 정도였다. 그럼에도 우리는 그랜드캐니언의 경치에 눈을 떼
지 못했다. 한겨울 아닌 한겨울 날씨의 그랜드캐니언은 한 마디로
자연이 빚은 예술작품 같았다. 잘 정돈된 암석의 배치부터 오묘
한 색의 조합, 거기에 푸른 하늘과 시린 공기까지 더해지니 그저
넋을 놓고 바라볼 수밖에 없었다. '이게 진정한 자연이구나'싶다

가도 '이게 정말 자연이야?'하는 생각이 번갈아 들었다. 보고 있는데도 믿기지가 않았다. 그랜드캐니언도, 추위도, 아직은 낯선 친구들과 그곳에 있는 그 순간도, 모든 게 비현실적으로 느껴졌다.

그랜드캐니언을 여행하는 동안 나와 친구들은 정말 많은 주제로 대화를 나눴다. 그랜드캐니언 국립공원의 트래킹코스를 따라 걸으며, 식당에서 밥을 먹으며, 어두운 밤을 달리는 차 안에서 노래를 들으며, 매 순간을 함께 있다 보니 시답잖은 얘기부터 꽤 진지한 얘기까지 다양한 이야깃거리들이 쏟아져 나왔다. 한번은 멕시칸 음식점에서 저녁을 먹으며 서로의 학창시절에 대해 이야기를 나누었는데, 그 덕분에 한국과 독일의 교육시스템이 얼마나 다른지 알 수 있었다. 독일 친구들은 정규수업이 끝나면 집에 가서 자유 시간을 보냈다고 했다. 그걸 당연하게 여기는 친구들의 얘기를 들으며, 내겐 너무 익숙한 한국의 교육방식이 실은 당연한 게 아니었다는 생각이 새삼 들었다. 그리곤 나도 고3 수험생 시절 나의 생활을 독일 친구들에게 말해주었다. 그때의 난 최선을 다했지만, 그때의 상황이 최선이었던 건 아니었다. 학생들을 하나의 틀에 가두는 한국의 교육방식은 그에 따라가지 못하는 학생들을 '부족한,' 혹은 '아직도 정신 못 차린' 사람들로 만들었다. 때문에 나를 포함한 대다수의 학생들은 사회에 나가기도 전에 패배의식과 위기감을 느껴야했다. 그런 문제의식이 들면서도 나는 동시에 상

대적으로 특권적인 나의 위치도 생각하지 않을 수 없었다. 나의 사고가 여기까지 확장될 수 있었던 것은 대학교육과 교환학생이라는 경험을 통해서인데, 그것 역시 소위 말하는 입시전쟁을 통해 얻어낸 것들이니 말이다. 독일 친구들의 이야기를 들으며 우리 사회의 다른 모습을 상상해볼 수 있었지만, 당장 내가 할 수 있는 게 없으니 조금 씁쓸한 마음이 들기도 했다.

이 외에도 사랑 이야기, 가족 이야기, 서로의 언어와 문화 이야기, 같은 외국인으로서 공감하는 미국 사회 이야기, 각자의 음악 취향 이야기 등 정말 많은 주제로 대화를 나누었다. 그렇게 각자의 삶과 생각을 공유하니 그동안 몰랐던 친구들을 훨씬 깊이 알게 되었다. 서로의 모습은 말뿐만 아니라 행동을 통해서도 더욱 잘 드러났다. 앞서 운전을 주로 한다고 언급했던 독일인 친구는 평소 매사에 침착하고 어른스러운 이미지를 가지고 있었다. 적어도 우리에게 비춰진 바로는 그랬다. 그러나 여행 내내 본 그 친구는 도로에서 거침없이 유턴을 하고, 우리에게 말도 없이 동에 번쩍 서에 번쩍 돌아다니며 탐험하길 좋아하는 성격의 소유자였다. 우리는 그 친구를 Susi라는 애칭으로 불렀는데, 여행 중에 우리 일행이 가장 많이 한 말이 "Where is Susi?"였을 정도였다. 같은 학교에서 함께 온 다른 독일인 친구조차 쟤가 저렇게 미친 애인 줄은 몰랐다며 혀를 내둘렀다. (실제론 'crazy'라는 단어를 썼지만 미국에서 'crazy'는 긍정적인 의미로도 자주 쓰인다.) 그렇지만 피식 웃으며 그래도 사랑스럽지 않느냐는 말을 덧붙였고, 나는 웃음을 터트리며 그 말에 동의하지 않을 수 없었다.

나에게 우리 여행의 하이라이트는 그랜드캐니언 국립공원 내 위치한 Bright Angel이라는 트래킹 코스를 걸었던 순간이었다. 햇살이 점점 길어지고 붉어질 즈음, 우리는 쭉 걸었던 메인 트래킹 코스에서 셔틀버스를 타고 주차장이 있는 공원 입구로 돌아갔다. 일몰을 보기 위한 적당한 장소를 찾아 조금 쉴 계획이었다. 그런데 Susi가 느닷없이 아까 자기가 봐둔 절벽 아래쪽으로 향하는 길을 가보는 게 어떠냐는 제안을 했다. 사실 나를 포함한 나머지 셋은 종일 걸은 터라 지친 상태였지만, 눈을 빛내며 꼭 가보고 싶다고 말하는 Susi의 말을 단박에 거절할 수는 없었다. 결국 우리는

그때가 네 시 반이었으니, 길 끝까지는 가지 말고 일몰을 볼 수 있
게 여섯시까지는 돌아오는 것으로 타협을 보았다. 그렇게 우리는
눈이 녹아 미끄러운 진흙길을 한 발 한 발 내딛으며 절벽 아래로
발걸음을 향하게 되었다.

　확실히 아래쪽 길에는 사람들이 많이 없었는데, 마주치는 사람
들마다 우리에게 경치가 정말 아름답다거나 조심히 내려가라는
말을 건넸다. 한적한 길에서 따스한 인사를 주고받다보니 갑자기
미국 최고의 관광지인 그랜드캐니언이 여느 동네 산처럼 느껴졌
다. 하지만 그런 착각은 잠시였을 뿐, 우리는 이내 장엄하게 모습
을 드러낸 대자연에 압도될 수밖에 없었다. 눈앞에 바로, 형용할
수 없이 아름다운 장관이 펼쳐진 것이다. 절벽 위가 아닌 아래쪽

에서 바라본 경치는 마치 아예 그 풍경 속으로 들어간 기분을 들게 했다. 오렌지색의 태양빛은 영롱한 그랜드캐니언에 붉은 색채를 더해주었고, 그 속에서 우리는 자연의 고요함에 귀 기울일 수 있었다. 우리는 그저 아무 말 없이 바라보다, 이건 말이 안 된다며 현실을 믿지 않다가, 연신 감탄의 말만을 내뱉길 반복했다. 중간에 Susi는 또 다시 어딘가로 사라지기도 했는데, 이제는 익숙하게 그런 Susi를 기다리며 다른 독일인 친구 Sophia에게 폭 안겼다. 춥고 아름다운 순간을 음미하며, "I'm happy to share this moment with you"라고 얘기하자 Sophia는 "Me too"라고 대답했다. 내가 평생토록 마음에 간직할 정말 행복했던 순간이었다.

그랜드캐니언을 떠나는 마지막 날엔 아침 일찍 일어나 일출을 보러가기로 했다. 비록 낮 동안 추위에 떨며 걷느라 피곤했지만, 언제 또 올 수 있을지 모르는 그랜드캐니언이었다. 하루쯤의 피로야 어떻게든 이겨내면 그만이었다. 그렇게 우리는 다음날 새벽 다섯 시도 전에 일어나 또 한 번의 감동을 기대하며 그랜드캐니언 국립공원을 향해 차를 몰았다. 그랜드캐니언 근처에는 가로등이 거의 없어 밤에는 새카맣게 어두웠다. 그러나 어두울수록 무수히 박혀있는 별들은 더욱 선명히 빛났고, 그 덕에 우리는 은하수를 여행하는 기분으로 일출을 맞으러 갈 수 있었다. 국립공원으로 가는 동안 하늘은 칠흑에서 남색, 푸른빛과 노란빛이 섞인 색에서 연한 파랑색으로 색을 갈아입었다. 이날 국립공원에 도착해 마주한 일출은 내 인생에서 가장 추운, 그러나 가장 아름다운 일출이었다. 있는 그대로를 비추는 태양과 여전히 장엄한 그랜드캐니언은 내게 더 담대해지라고, 한편으론 더 겸손해지라고 얘기하는 것만 같았다. 나는 벅찬 마음에 아무 말 않다가도 너무 춥다고 호들갑을 떨었고, 낯간지럽지만 가슴 속에 희망이 차오르는 기분이기도 했다. 다른 미사여구 없이 그저 온전하게 아름다웠던 순간이었다는 말이면 충분할 것 같다.

라스베이거스로 다시 돌아가며, 내가 함께 여행 온 친구들을 얼마나 더 알게 되고 더 사랑하게 됐는지 생각해보았다. 잠시 잊고 있었지만 첫 날의 나는 독일 친구들에게 적지 않은 스트레스를 받

앉었다. 나는 친구들이 너무 느려 답답하다고 생각했고, 한번 꽂힌 생각은 그날 내내 그 친구들의 행동을 판단하는 잣대가 되었다. 서로 다른 문화는 모름지기 이해하는 것이 마땅하다는 생각은 머리로만 쉬운 것이지, 이를 받아들이고 행동하기란 여간 쉽지 않다는 걸 그제야 깨달았다. 그렇게 아는 것과 행하는 것 사이의 괴리는 내 스트레스를 더했다. 우리에게 필요했던 것은 시간이었다. 우린 서로가 어떤 사람인지 알아야했고, 각자 다른 우리가 어떻게 하면 잘 맞춰갈 수 있을지 고민해야했다. 다행히 나와 친구들은 여행 동안 그런 노력을 게을리 하지 않았다. 여행을 하면서 가장 확신에 찼던 생각은 이 친구들이 내가 알던 것보다 훨

썬 따뜻하고, 멋지고, 사랑스러우면서 인간미 넘치는 사람들이라는 점이었다. 우리는 서로 다름에 신기해하고, 서로 같음에 공감대를 느끼며 점점 더 마음을 열었다. 친구들을 알면 알수록 친구들이 더 좋아졌다. 그러다보니 자연경관을 보는 순간만큼이나 차 안에서 서로 간식을 먹여주거나 목청껏 노래 부르던 순간들이 소중하게 느껴졌다. 가끔씩 멍을 때릴 때면 '어쩌다 이런 소중한 인연을 만나서 여기까지 오게 되었을까, 참 감사하다'라는 생각이 스멀스멀 들면서 내 속을 가득 채웠다. 이때의 그랜드캐니언이 유독 아름다웠던 이유는 그렇게 내 마음을 채워준 친구들이 있었던 덕분이 아닐까 싶다.

Chapter8.

도전, 나를 단단하게 만드는 힘이 되고

앞서 밝혔듯 나의 교환학생 목표는 '다양한 경험하기'였다. 나도 내가 교환학생이 되어 어떤 경험을 하게 될지 알 수 없어 그 이상 으론 별 다른 계획을 세우지 않았다. 하지만 학기가 시작되니 여 기저기서 새로운 기회들이 속속 모습을 보이기 시작했다. 학내 게 시판과 벽에는 이벤트를 홍보하는 전단지들로 가득 찼고, 이메일 로도 행사참가자를 모집하는 홍보 글이나 뉴스레터가 밀려왔다. 크고 작은 활동의 수도 수지만, 한국보다 개방적이고 다양성을 갖 춘 공동체답게 젠더나 인종, 소수자 문제를 주제로 한 활동이 많 은 것도 내게는 무척 신선했다. 학기 초엔 복작거리고 자유로운 분위기에 한껏 들떠 어떤 활동에 참여하든 재밌겠다는 생각이 들 었다. 결론적으로 나는 꽤 여러 활동에 참여하게 되었고, 덕분에 소속감을 느끼며 마음껏 교환생활을 즐길 수 있었다.

1. 포럼의 패널이 되다 : "Your eyes are so beautiful"

미국은 기념일이나 기념주간이 아닌 때를 찾기가 더 어려울 정도로 일상에서 기념하는 무언가가 많다. 그 중에는 체리파이의 날같이 음식을 기념(?)하는 날이 있기도 하고, Black History Month나 International Week처럼 인종이나 문화적 다양성에 대한 인식을 제고하는 기간도 있다. 3월에는 Black Women's History Month를 맞아 그에 관련된 여러 행사가 열렸는데, 그 중에서 나는 〈Eating Across Culture〉이라는 포럼에 패널로 참여하게 되었다. 포럼의 주제는 문화별로 다른 식사예절부터, 여성의 몸에 대한 인식까지 전반적인 각국의 음식문화에 대한 것이었다.

사실 처음부터 패널을 할 생각은 없었다. 아무리 영어가 익숙해졌다한들 학내 행사에서 그렇게 비중 있는 역할을 할 정도는 당연히 안 된다고 생각했기 때문이다. 내가 참여해야겠다는 의욕이 생긴 건 포럼 담당자였던 스태프 Samie가 내게 메일을 통해 패널 제의를 하고부터였다. Samie는 포럼에서 한국에 대한 이야기를 해줄 것과, 한국에서 채식인으로 살아가는 경험을 공유해줄 것을 부탁했다. (Samie와 나는 둘 다 채식을 하고, 입학식 날 이 사실을 알게 되어 친하게 지내는 사이였다.) 나는 메일을 읽자마자 바로 패널이 되어야겠다고 결심했다. 내가 전할 수 있는 이야기가 있고, 그것이 다른 외국인 친구들과 캠퍼스 전체에 긍정적인 영향을 끼칠 수 있을 거라고 생각했기 때문이다. 그래서 Samie를 찾아가 패널을 하겠다는 의사를 전하고, 이후 담당스태프들, 다른 패널 친구들과 함께 행사를 준비하기 시작했다.

포럼 당일, 말끔히 차려입고 미리 준비해둔 답변을 출력해 일찍 행사장으로 향했다. 시간이 지날수록 사람들이 하나둘씩 모였는데 대부분이 여학생들이었고, 개중에는 익숙한 얼굴의 국제학생들이 많았다. 결론부터 말하자면 포럼은 정말 성공적이었다. 말그대로 모두가 참여하는 포럼이었다. 아무래도 식문화는 어디든 있는 것이다 보니 자연스레 각자의 문화에 대해 이야기가 오갔다. 나도 패널로서 한국의 식문화에 대해 말했는데, 처음엔 마이크를 쥐고 이야기하는 게 무척 긴장될 정도로 떨렸다. 하지만 토의가 무르익어가면서 마이크가 점점 더 편하게 느껴졌고, 오히려 나중엔 더 크고 명확하게 내 뜻을 전달할 수 있어서 좋다는 생각까지 들었다. 포럼의 절정은 논의가 여성의제로 옮겨갔을 때였다. 이땐 정말 여기저기서 끊임없이 손을 들었고, 나 역시 계속 말을 덧붙이고 싶을 정도로 모두가 할 말이 많았다. 식문화에 대해 얘기할 땐 문화 간 공통점보단 차이점이 두드러졌지만, 여성의 몸에 대한 사회인식에 관해서만큼은 문화를 초월해 공감되는 부분이 더욱

컸다. 다른 누구보다 자신의 엄마가 본인에게 다이어트를 권한다는 이야기, 획일화된 미의 기준에 대한 이야기, 자기도 모르게 자기검열을 하게 된다는 이야기, 사회에 만연한 남성적 시선에 대한 이야기까지. 아직도 생생하게 기억할 정도로 날카로운 문제의식이 담긴 의견들이 많았다. 덕분에 우리는 서로가 서로의 말에 고개를 끄덕이며 경청할 수 있었다. 그렇게 한창 논의가 이어지니 어느새 마칠 시간이 코앞까지 와있었다. 사회자를 포함한 우리 모두는 논의를 정리할 틈도 없이 끝내야 하는 게 무척 아쉬웠다. 현상에 대한 비판에 더 나아가 지향점에 대해서도 얘기했더라면 좋았을 텐데, 더 이야기하지 못한 게 지금까지도 못내 아쉬울 정도다. 이렇게 포럼은 다른 사람들과 한데모여 생각을 나누는 것은 그 자체만으로 의미가 크다는 사실을 다시 한 번 일깨워주었다.

포럼이 공식적으로 끝나고, 대부분의 학생들은 남아서 한참동안 이야기를 나눴다. 그러면서 패널들끼리 사진도 찍고, Samie와 나는 서로 안으며 수고했다는 말도 건넸다. 마지막에 마지막까지 즐겁게 시간을 보내며, 나는 포럼의 패널에 참여하길 정말 잘했다는 생각이 들었다. 사람들 앞에서 내 의견을 밝힌 것도 좋은 경험이지만 무엇보다 사람들과 느슨하지만 든든한 연대감도 느낄 수 있었기 때문이다. 또한 이 날 문장일기에 쓴 문장이 하나 있는데, 포럼이 끝나고 한 친구가 내게 건넨 "Your eyes are so beautiful"

라는 말이었다. 쌍꺼풀이 없는 나는 한 번도 내 눈을 예쁘다고 생각해본 적이 없었다. 쌍꺼풀 있는 큰 눈을 미인상으로 여기는 한국사회다 보니, 스스로의 얼굴이 싫지는 않더라도 특별히 예쁘다고는 생각하지 못했던 것이다. 그래서 친구가 그 말을 했을 때 나는 티는 안내도 속으론 무척 놀랐고, 나도 몰랐던 내 매력을 발견해 이를 기꺼이 표현해준 친구에게 진심으로 고마웠다. 그리고 내면과 함께 나의 외면도 더 예쁘게 여겨주자고 다짐했다.

2. 외부 봉사를 나가다 : "I hope you have a good night, hon"

봉사는 교학학생으로 외국에 나가살게 된다면 꼭 해보고 싶은 활동 중 하나였다. 아무래도 학생 신분으로선 만나는 사람들이 학교 사람들로 한정될 수밖에 없으니, 캠퍼스 밖의 더 다양한 사람들을 직접 만나보고 싶었기 때문이다. 그러다 우연한 기회로 1박 2일 외부 봉사 프로그램이 있다는 사실을 알게 되었고, 마침 친한 친구도 신청한다기에 나도 망설이지 않고 참가신청서를 제출했다.

프로그램 당일 보니 봉사자는 열 명이 채 안 되는 작은 규모였다. 처음엔 예상보다 적은 인원에 당황했지만, 나중으로 갈수록 오히려 단란한 공동체같이 느껴져서 더 좋았다. 봉사일정은 빡빡한 편이었다. 이틀 동안 우리는 중고물품을 파는 대형매장, 요양원, 기부된 아동복을 판매하는 비영리단체 등을 방문했고, 교내에서도 어르신들께 드릴 쿠키를 굽거나 길고양이를 위한 담요를 준비하는 등의 일을 했다. 오랜만에 봉사를 하며 새삼 느꼈던 건 봉사는 숭고한 가치가 아니라 지독히 현실적인 노동이라는 사실이었다. 비록 우리는 한 기관에 방문할 때마다 두세 시간 남짓 일할 뿐이었지만 그마저도 절대 만만한 일이 아니었다. 기본적으로 어느 곳이든 봉사인력이 부족했고, 거기에 더해 뭐든 큰 규모를 자랑하는 미국이다 보니 한참을 일해도 일이 진척되는 게 눈에 잘 보이지 않았다. 대형매장에서 물품을 정리할 때가 특히 그랬는데, 그땐 마치 온갖 잡동사니에 둘러싸여 허우적대는 기분이 들었다. 그러나 내가 아무런 불평의 말을 할 수 없었던 건 그 일을 생업으로 하는 분들이 실제로 계셨기 때문이다. 대게 자원봉사자는 친절한 사람들일 거라는 일반적인 인식이 있다. 하지만 나는 그것이 항상 옳은 건 아니라고 말하고 싶다. 능숙하게 물건을 옮기고 옷가지를 정리하는 상근 자원봉사자들은 착하다기보단 강한 사람들이었다. 심지어 그중 우리가 있는 동안 한 번도 웃지 않은 분도 계셨는데, 처음엔 기분이 안 좋은 건가 싶었다. 하지만 나중엔 나도 힘들어서 웃음을 잃었고, 그때 비로소 깨달았다. 봉사는 마냥 웃을 일도, 착해서 할 수 있는 일도 아니라는 것을. 그보단 강한 몸과 마음이 요구되는 실천이자 노동이라는 것을 말이다.

봉사프로그램 중 가장 좋았던 일정은 학교 근처에 위치한 요양원에 방문했던 것이었다. 우리의 역할은 저녁시간 동안 그 곳에 계신 어르신들과 게임을 하는 일이었는데, 일 자체가 어렵지도 않을뿐더러 무척 재미있었다. 우리는 낱말퀴즈, 포커 등 게임별로 인원을 쪼개 각 무리에 합류했고, 그 중에서 나는 우노(Uno)라고 불리는 미국식 카드게임을 하게 되었다. 우노는 쉽게 말하면 짝을 맞추는 게임이었다. 전에 해본 적은 없어도 룰이 워낙 간단해 처음 하는 사람들도 금방 익힐 수 있었다. 세 분의 할머니와 세 명의 학생으로 이루어진 우리는 약간은 어색한 분위기에서 게임을 시작했다. 하지만 카드 한 장에 말 한두 마디를 주고받으니 분위기는 조금씩 풀어졌고, 이내는 훈훈한 분위기 속에서 게임이 이루어졌다. 우노는 다함께 이야기 나누며 할 수 있는 카드놀이였다. 그래서 우리는 누군가 잘하면 칭찬의 말을, 못하면 장난 섞인 책망을 하며 게임을 이어나갔다. 종종 복잡한 규칙이 나올 때면 잠시 멈추고 모두가 이해할 수 있도록 충분히 설명을 했다. 할머니들은 우리의 전공을 물어보기도, 유일한 동양인이었던 내게 왜 이곳으로 교환학생을 왔냐는 질문을 하기도 했다. 그렇게 시시콜콜 대화를 나누며 게임을 했는데, 나는 그 별 거 없는 시간이 그렇게 따뜻하고 좋았다. 특히 나는 바로 옆에 계셨던 Caroline 할머니와 더 많은 얘기를 나누었다. 할머니는 과거에 미술을 전공했고, 아이들을 가르친 교사였다고 하셨다. 또한 이곳저곳 여행하며 느꼈던 생각을 말씀해 주셨는데, 세세한 건 잊었어도 정말 멋있는 분이라고 생각했던 것만은 아직도 또렷하게 기억이 난다. 그래서 나는 할머니께 정말 멋지게 사셨다고 했고, 할머니는 그런 나의 말에 미소로 답하셨다. 게임시간이 끝나고는 Caroline 할머니를 방까지 모셔드렸다. 개별 방은 병실이라기보다는 여느 가정집의 거실 같았다. 방을 나서기 전에 Caroline 할머니께 한번 안아드려도 되겠냐고 여쭤보았더니 당신은 포용하는 걸 좋아한다면서 정말로 기뻐하셨다. 덩달아 기뻐진 나는 할머니를 꼭 안아드렸고, 할머니는 연신 고맙다고, 앞으로도 잘 지내라는 말을 하셨다. 이 날 내가 문장일기에 적은 문장은 Caroline 할머니가 건넨 마지막 말, "I hope you have a good night, hon"이었다. (hon은 honey의 줄임말이다.)

짧지만 알찼던 1박 2일 간의 봉사는 준 것보다 얻은 게 더 많은 시간이었다. 덕분에 캠퍼스를 벗어나 다양한 사람들을 만날 수 있었고, 강의실을 벗어나 공부가 아닌 다른 일을 경험할 수 있었다. 물론 매 순간이 유쾌하진 않았다. 힘들 땐 정말 힘들다는 생각만 했다. 그러나 그건 인생의 어느 순간이든 마찬가지였다. 그보다 더 중요한 건 이제는 좀 더 의연하게 그런 현실을 마주하고, 그 안

에서 내가 할 수 있는 일을 생각하게 되었다는 것이다. 전자의 깨달음이 세상 어느 일이든 쉽지 않다는 것을 가르쳐줬다면, 후자는 '그럼에도' 계속해서 삶을 살아가야하는 이유를 알려준 셈이다. 이렇게 봉사로 맺어진 사람들과의 새로운 연은 나의 교환학생 생활에 또 다른 색을 칠해주었다.

3. 연극을 하다 : "I'm sure it will be an amazing experience"

나는 원체 끼가 없는 사람이다. 내가 어떤 종류의 공연이든 무대체질이 아니라는 건 초등학생 시절 학예회에 나갔을 때부터 알고 있었다. 그래서 나는 살면서 한번도 춤이나 노래를 남들 앞에서 선보여야겠단 생각을 하지 못했고, 딱히 그러고 싶지도 않았다. 한 마디로 나는 공연에 아무런 재능도 열정도 없는 사람이었다. 연극이라고 다를 건 없었다. 일상에서 능청스럽게 연기하는 것도 어색해서 금방 거짓말을 들키는 나인데, 진짜 연극은 오죽할까. 연기하는 내 모습을 생각만 해도 몸이 오그라드는 기분이었다. 대학생이 되고 나선 죽이 되든 밥이 되든 한번쯤 무대에 서서 내가 만든 스스로에 대한 틀을 깨고 싶다는 생각이 들기도 했다. 하지만 그건 어디까지나 생각이었을 뿐, 정말 그럴 마음이 있던 건 아니었다. 기존에 관심을 가지고 해오던 다른 활동들과 병행하기엔 한 번의 공연에 쏟아야 할 시간과 노력이 너무 크게 느껴졌다. 그러니 공연에 대해선 막연히 '언젠가는 해봐야지'라고만 생각했다.

연극 오디션이 있을 거란 소식을 알게 된 건 전공 교수님이 보낸 메일을 통해서였다. 본래 한국에서 신문방송학을 전공하던 나는 W&J에선 Communication & Arts 소속이 되었는데, W&J의 학내 공연은 대부분 우리 과의 관할로 이루어졌다. 그래서 전공 교수님들은 이메일을 보내는 식으로 홍보를 하시곤 했다. 오디션 포스터는 곧 캠퍼스 곳곳에 붙여졌고, 연극에 대한 얘기는 나와 친구들의 저녁 테이블에까지 오르게 되었다. 그때 한 친구가 오디션에 지원할지 말지 고민 중이라는 말을 꺼냈다. 그 친구는 원래 연극을 좋아하지만 편입해서 여기로 온 첫 학기라 선뜻 용기가 나지 않는다고 했다. 밥을 먹으면서 대화를 이어나가던 중, 나는 별안간 그 친구에게 "그럼 나랑 같이 보러 갈래?"라는 말을 던졌다. 나 역시 그런 친구를 보고 연극에 도전해볼 마음이 아주 살짝 생겼던 것이다. 아무래도 한국에서 보내는 학기에 비해선 시간적 여유가 있기도 했고, 어차피 오디션일 뿐이니 별로 부담이 아닐 거라고 생각했다. 결국 우리는 그날 저녁을 먹고 바로 다음 날에 예정되어있는 오디션을 신청했다. 다음 날, 오디션은 시간대별로 지원자 네다섯 명이 함께 모여 대본 몇 줄을 돌아가면서 읽는 식으로 진행되었다. 오디션 직전까지 긴장하지 않넌 나는 막상 오디션이 시작되니 떨리기 시작했다. 나를 제외한 지원자들이 다들 연기를 너무 잘하는 거였다. 딱히 준비를 하지도 않았거니와 영어에 서툰 외국인인 나는 당연히 어설프게 연기할 수밖에 없었다. 너무 만만히 봤다는 생각이 뒤늦게에서야 들었다. 하지만 불행 중 다행인 건지 이미 정해진 대본은 많은 등장인물이 나오는 극이었고, 덕분에 나를 포함한 오디션을 본 모든 지원자들은 연극에 참여할 수 있게 되었다.

연습 첫날, 우리는 몇 달 후 연극을 올리게 될 무대에 모여 자기소개를 하고 대본을 돌아가며 처음부터 끝까지 읽는 대본리딩을 했다. 이후 무대 매니저인 Abby와 지도교수 Daniel이 우리의 역할을 분배한다고 했다. 지문까지 다 읽어야했던 첫 대본리딩은 장장 세 시간이 걸렸다. 힘들기도, 어색하기도 했지만 그래도 나는 내가 맡게 될 역할이 무엇일지 무척 기대가 되었다. 지금은 잘못해도 내 역할이 생기면 그 대사에만 집중적으로 연습할 생각이었다. 며칠 후 Abby는 역할분배가 적힌 파일을 메일로 보내왔다. 쭉 살펴보니 등장인물이 워낙 많아 각자 최소 세 개에서 많게는 다섯 개까지 역할이 주어졌고, 나 역시 서너 개의 역할을 맡게 되었다. 그 다음 날에는 각자가 맡은 역할의 대사를 읽는 방식으로 대본리딩이 진행되었다. 그런데 길고 긴 리딩을 할 동안, 내가 한 말은 열 마디가 채 되지 않았다. 알고 보니 내가 맡은 역할들 모두 한두 마디가 전부이거나 아예 대사가 없었던 거였다. 당연히 나는 풀이 죽었고, 그나마 있는 대사도 아직은 자연스럽게 나오지 않아 이것마저 못 하는 내가 바보같이 느껴졌다. 가만히 앉아서 친구들의 연기를 들으며 주제도 모르고 섣불리 뛰어들었다는 후회가 밀려왔다. 그날 연습이 끝나고, 기숙사로 돌아가는 길에 오디션을 함께 신청했던 친구에게 고민을 털어놨다. 친구는 나의 말을 듣고 내 처지를 이해하며 Daniel에게 따로 이야기해보는 게 어떻겠냐고 조언해주었다. 이유가 무엇이든 불편한 감정이 있으면 꺼내놓고 말해야지, 그렇지 않고 내가 그냥 연극을 관두거나 이대로 참고 연극을 한다면 그건 나에게도, 연극에도 좋지 않을 거라고 했다. 나는 내 꿍한 마음을 Daniel에게 말해야겠단 엄두조차 내지 못했는데 친구 말을 듣고 보니 그래야겠다는 생각이 들었다. 관두고 싶지는 않은데, 그렇다고 아무 문제 없다는 듯이 연극 연습을 계속하고 싶지도 않았다. 그래서 나는 그날 밤 Daniel에게 메일을 보냈다. 그리곤 나의 부족을 인정하면서도 내가 없어도 연극에 별 지장이 없을 정도의 역할만 맡게 된 게 아쉽다는 생각을 솔직하게 적었다. 만약 내가 중도하차하는 게 더 나은 일이라면 기꺼이 그러겠노라고 했다. 자조적인 어투였던 게 아니라 정말로 그만 두는 것과 계속 하는 것 중에 어떤 게 더 나에게 좋을지 스스로 판단할 수 없었다.

이튿날 Daniel이 보내온 답장엔 많은 이야기가 담겨 있었다. Daniel은 내가 스스로 인정했듯이 연기가 쉬운 일이 아니고, 그렇기 때문에 내게 제한적으로 역할을 배정할 수밖에 없었다고 했다. 하지만 뒤이어 그는 무대에서 대사를 읊는 것만이 연기의 전부가 아니라는 것과, 나의 에너지가 마음에 든다는 이야기를 했다. 결정적으로 나를 설득한 건 이번 연극이 나에게 분명히 멋진 경험이 될 거라는 Daniel의 확신에 찬 말이었다. 대본리딩이 아닌 본격적인 연습이 시작된 그 다음 날, Daniel은 연습이 끝난 후 나를 따로 불렀다. Daniel은 내가 이 시간을 무의미하게 느끼지 않았으면 좋겠다고, 그러기 위해 자신이 더 신경 쓰겠다는 말을 했다. 투정을 부린 것 같아 괜스레 민망해진 나는 괜찮다고, 주어진 역할로 열심히 연극에 참여하겠다고 했다. 그러자 Daniel이 건넨 말이 "I'm sure it will be an amazing experience"였다. 이 말을 듣는 순간 나는 Daniel을 믿고 연극을 끝까지 해내야겠다는 결심이 섰다. 그리고 그는 또 한 번 내 에너지가 정말 좋다는 말을 했는데, 이때는 하마터면 눈물이 날 뻔했다. 'I love your energy'같은 말이야 워낙 상투적인 표현이라 메일로 읽었을 때는 별 감흥이 없었지만 직접 얼굴을 마주하고 그 말을 들으니 Daniel의 진심이 보다 가깝게 와닿았다.

연극 연습은 보통 월요일부터 목요일까지, 저녁 여섯시 반부터

아홉시 언저리까지 이어졌다. 덕분에 연극을 같이 하는 친구와 저녁을 먹고 연습에 가는 게 일상이 되었다. 그리고 Dan(우리가 불렀던 Daniel의 애칭)의 말이 맞았다. 나는 대사는 적었지만 역할이 많아 동선이 복잡했고, 표정연기와 몸짓연기가 요구되는 역할들을 주로 맡은 거였다. 예를 들면 귀족 역할에서 나는 나만 땅을 갖지 못하는 신세가 되어 처음엔 받을 것을 기대하다가 이내 황당해하고, 관객들을 쳐다보며 억울함을 표출하다가 결국엔 씩씩대며 퇴장하는 연기를 해야 했다. 뉴욕시의 시장 역을 맡을 때는 대사 한 마디 없이 오만하고 거드름 피우는 표정연기를 해야 했다. 시간이 갈수록 개인 사정으로 중도하차하는 친구들이 생기며 역할에 변동이 생기기도 했는데, 덕분에 나는 무려 여섯 개의 대사가 있는 역할을 하나 더 맡게 되었다. 나는 친구들한테 정확한 발음을 물어보기도 하고, 다양한 음조와 억양을 시도해보며 최대한 자연스럽게 연기하려 노력했다. 더도 말고 덜도 말고 새롭게 추가된 역할까지가 나에게 딱 맞는 분량이라는 생각이 들었다.

연극 연습은 정말 즐거웠다. 내가 그렇게 느낄 수 있었던 이유는 순전히 연극을 함께한 사람들 덕분이었다. 연극에 참여한 친구들은 지금까지 내가 봐왔던 사람들 중 가장 끼가 많고 자유로운 사람들이었다. 다들 하고 싶어서 참여한 연극인만큼 분위기는 늘 활기찼고, 어떤 형태로든 강압을 느낄 일이 없어 느슨해질 정도로 편안했다. 처음엔 다들 마음대로 눕기도 하고, 음식을 먹거나 농담을 던지는 모습에 이렇게 장난스러워도 되나 싶었다. 하지만 그런 와중에도 이들은 자신의 차례가 되면 언제 그랬냐는 듯 대본 속 인물이 되어 진지하게 연기했고, 숙지할 내용은 꼼꼼히 적어가며 연습에 임했다. 그들 중 다수는 나와 같은 학생인 게 믿기지 않을 정도로 수준 높은 연기를 선보였다. 그래서 연습 초반엔 그들의 재능이 오히려 부담으로 다가오기도 했다. 잘나고 매력적인 사람들의 영역에 어쩌다 발을 들인 것 같은 머쓱함이 들었던 것이다. 하지만 시간이 갈수록 친구들과 친해지고, 연습 일정도 몸에 익히니 나도 점차 팀 분위기에 적응할 수 있었다. 이들과 있을 때의 가장 큰 장점은 뻔뻔하다는 생각 없이 뻔뻔해질 수 있다는 점이었다. 연기를 지도하는 Abby와 Dan말고는 내가 어떻게 연기하든 별로 신경 쓰지 않았는데, 그 악의 없는 무신경함에 나도 조금씩 원래의 나를 놓고 역할에 집중할 수 있었다. 연기하는 누군가가 소리를 질러도, 치고 박으면서 싸워도, 스킨십을 해도 무대 밖에 있는 우리는 아무렇지 않게 여겼고, 덕분에 나는 연기를 더 이상 손발이 오그라드는 행위로 생각하지 않게 되었다.

공연 날이 점점 다가오면서, 무대장치를 설치하고 의상을 맞추는 등 전체적인 공연 준비가 함께 이루어졌다. 이제 우리는 연습실이 아닌 무대에서 연습했고, 의상과 소품을 정하는 날엔 한바

탕 정신이 없을 정도로 신경 쓸 점이 많았다. 역할이 많은 연극인 만큼 옷과 소품도 많아서 자기 것을 제대로, 남의 것과 섞이지 않게 잘 챙기는 게 중요했다. 나만해도 다섯 벌의 옷과 두 개의 모자, 두 켤레의 신발과 그 밖의 잡다한 소품을 제대로 간수해야했다. 사정이 이렇다보니 무대 뒤에서 서로 소품을 챙겨주거나 옷 갈아입는 걸 돕는 일이 많았다. 나의 경우엔 간호사 역할로 무대에 나갔다가 시장 역으로 다시 등장하는 시간 간격이 조금 촉박했는데, 그때는 내가 퇴장하자마자 간호사복을 벗고 블라우스를 입으면 한 친구가 뒤에서 단추를 잠가줬고, 바지를 입고 신발을 갈아 신는 동안엔 턱수염과 모자, 어깨띠 등의 소품을 챙겨줬다. 거울 볼 틈이 없는 나를 대신해 나를 한 바퀴 둘러보고 정돈해주는 것은 덤이었다. 또한 우리는 무대 뒤에서 장난도 정말 많이 쳤다. 보통 실없는 대화를 속닥이거나 뜬금없이 춤을 췄는데, 그런 별

볼일 없는 행동들이 지금까지 애틋하게 느껴질 정도로 무척 재미있었다. 그쯤 되니 우리는 너나할 것 없이 헤프게 우스갯소리를 하고 장난을 치는 사이가 되었다.

연극의 완성을 위한 마지막 단계는 오프닝과 엔딩장면을 맞추는 것이었다. 두 장면은 건물에 화재가 발생한 상황으로, 모든 출연진이 입주민으로 등장해 아비규환인 장면을 연출해야했다. 이 장면에서 유일한 대사는 처음 불을 발견한 사람이 외치는 '불이야!'였는데, 전혀 예상치 못하게 Dan은 이 역할을 내게 맡겼다. 많은 이들이 호시탐탐 노리던 역할이라 친구들은 마냥 부럽다는 눈길을 보냈지만 생각도 못하고 있던 나는 당황스러울 수밖에 없

었다. 대사가 어려운 건 아니었지만 급박하고 처절한 감정 연기를 해낼 수 있을지 자신이 없었다. 모두 각자의 대피 동선을 익히고 오프닝 전체를 연습할 차례가 되자, 나는 자동적으로 근심이 한가득 묻은 표정이 되었다. 그런 나를 본 친구들은 '이건 네가 따낸 거다', '잘 할 거라 믿는다.'라며

널 만나러 왔어, 미국!　　87

나를 격려해줬다. 그 말에 불현듯 자신감을 얻은 나는 첫 시도에서 힘껏 "Fire!!!"을 반복해서 외쳤고, 그런 내 외침에 무대는 순식간에 아수라장이 되었다. 첫 오프닝 연습이 성공적으로 끝나자 여기저기서 칭찬과 환호를 보냈고, Abby는 무대 아래서 내게 엄지를 들어보였다. 처음으로 연기를 인정받은 기분은 이루 말할 수 없이 짜릿했다.

연극은 금요일부터 일요일까지 총 네 번에 걸쳐 상연되었다. 공연 날짜가 다가올수록 어서 마치고 싶은 마음이 들면서도, 그러면 정말 끝이라는 생각에 싱숭생숭하기도 했다. 하지만 뭐가 됐든 일단은 공연을 무사히 마치는 게 최우선이었다. 첫 공연 날, 시작 전 Kris의 주도로 워밍업을 하는데 Dan이 무언가를 잔뜩 들고 무대 뒤를 찾아왔다. Dan이 가져온 건 다름 아닌 사과였는데, 그의 말에 따르면 W&J에선 공연 전에 사과를 주는 관습이 있다고 했다. 그렇게 Dan은 우리에게 사과를 하나씩 건넸고, 우리와 함께 할 수 있어서 기뻤다는 마지막 말이자 격려를 전했다. 우리는 모두 손을 모아 파이팅을 외쳤다. 이제 곧 우리의 공연이 막을 올릴 참이었다.

공연은 은근한 긴장감이 깔린 상태로 이루어졌는데, 나는 어쩐지 그 무게감이 좋았다. 덕분에 공연 내내 간지러운 떨림이 느껴졌고, 신고 있던 구두의 굽 높이만큼 붕붕 떠있는 기분이었다. 미국은 우리나라에 비해 공연문화가 자유로워 객석의 반응도 그만큼 더 다채롭고 생생했다. 그래서 관객들은 내가 황당해하는 연기를 하면 폭소를 터뜨리는 식으로 즉각적인 반응을 보였다. 객석의 반응을 살피는 게 특히 더 흥미로웠던 건 내가 웃음코드가 다른 외국인이었기 때문이다. 그래서 내가 예상치 못한 장면에서 반응이 뜨거운 경우가 많았고, 그럴 때마다 나는 짐짓 놀라면서도 재미를 느낄 수 있었다. 연습 때보다 더욱 즐거웠던 건 물론이고, 이제야 우리 공연이 온전해진 느낌마저 들었다. 공연은 그것을 봐주는 관객이 있을 때 비로소 완성된다는 것, 그래서 관객 한명 한명이 정말 소중하다는 것. 실제 연극을 하며 새롭게 알게 된 사실이었다. 한편, 무대 뒤에서 우리는 좀 더 은밀하게 장난을 쳤다.

이세는 익숙해질 내로 익숙해진 우리는 각자의 사리에서 준비를 하며 비슷한 레퍼토리로 장난을 주고받았다. 공연과 연습이 가장 달랐던 건 실제 공연에선 무대 뒤에 있는 동안 관객 앞에서 연기를 하고 있는 친구들이 무척 든든하게 느껴졌다는 점이었다. 극을 이끌어가는 친구들의 목소리는 뒤에서 듣기만 해도 안심이 되었고, 덕분에 나도 최선을 다해 내 본분을 다해야겠다고 마음을 다잡을 수 있었다. 3일의 공연 중 최고의 순간은 관객이 가장 많았던 금요일 공연의 커튼콜이었다. 연극이 끝났음을 알리는 배경음악이 흘러나오고, 우리는 인사를 하기 위해 모두 줄을 지어 무대에 섰다. 그러자 객석에서 환호와 박수갈채가 터져 나왔다. 살면서 그때만큼 짜릿하고, 후련하고, 또 벅차게 행복했던 적이 없었다. 공연의 완성도를 떠나서 모두가 이 시간을 즐겼고, 그랬던 만큼 다 함께 해피엔딩을 맞이하는 게 정말 기뻤다. 나는 얼굴에 한가득 미소를 띠며 온몸으로 관객들에게 인사했다. 와줘서 고맙다고, 덕분에 내가 이렇게 행복하다고 말하지 못하는 대신 한껏 허리를 숙여 감사를 표했다. 이때의 환한 조명과 무대에 감돌던 뿌연 연기는 그 순간을 영화의 한 장면처럼 만들어주었다.

연극은 나의 교환생활이라는 책 중에서도 하이라이트에 해당하는 페이지였다. 그렇게 말할 수 있을 만큼의 시간과 노력을 들였고, 그만큼 특별한 사람들과 함께했다. 모든 공연을 마친 다음 날,

무대를 정리하기 위해 우리는 마지막으로 모였다. 모두가 손을 걷어 세트를 허물고, 조명을 빼고, 그 많았던 옷과 소품을 분류해 의상실로 되돌려놓았다. 그날 나는 Dan에게 엽서를 한 장 써서 선물했는데, 핵심은 한 문장이었다. 그것은 나의 연극 도전기를 요약하는 한 문장이기도 했다.

"제가 첫 번째로 잘한 일은 연극 오디션을 본 거였고, 두 번째로 잘한 일은 중간에 포기하지 않은 거예요."

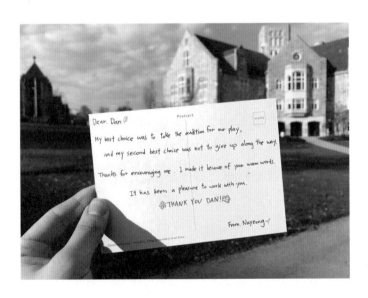

Chapter9.
나만 힘든 게 아니었다

사람이라면 누구나 하는 착각이 있다. 어떤 힘든 일을 맞닥뜨리거나 무엇인가 버거울 때 왜 나만 이럴까 싶은 생각. 물론 세상에 안 힘든 사람은 없다지만 그 말이 그렇게 와닿진 않는다. 남들이 겪는 아픔이나 고생은 눈에 잘 보이지 않으니 말이다. 교환학생으로 미국에 와있는 동안 나도 그랬다. 누군가의 말을 못 알아들을 때, 토론의 흐름을 파악하지 못해 아무 말도 하지 못할 때, 연극연습을 하고 돌아와 밤늦도록 과제로 머리를 싸맬 때, 그러다 결국 끝내지 못하고 자버릴 때, 유혹을 이기지 못하고 다디단 디저트를 계속해서 먹을 때, 재미없고 영어 못하는 동양인으로 비춰질까 속으로 쩔쩔맬 때, 그럴 때마다 내가 나로서 사는 게 쉽지 않다고 느꼈다. 나로 살기 위해선 스스로에게 감내해야할 게 너무 많았다. 운 좋게도 나는 인종차별을 심하게 당한 적도 없고, 향수병에도 거의 시달리지 않아서 교환생활이 전반적으로 힘든 편은 아니었다. 오히려 감사할 만큼 좋았다면 좋은 경험이었다. 하지만 그렇다고 매 순간이 즐거웠던 건 아니었다. 나의 부족을 받아들이고 인정한대도 결국엔 내가 더 나아져야 하는 일이기에, 더 잘 할 거라는 욕심과 더 잘 해야 한다는 부담을 버릴 수 없었다. 사실 이 부분에 있어선 지금도 크게 다르지 않다. '지금의 나'에 만족하면서도 '더 나은 나'를 바라는 것은 여전히 쉽지 않은 일이다.

누구나 힘들다

혼자만 아등바등하는 게 아니라는 사실을 안 건 학기가 시작되고 시간이 조금 더 지나서였다. 익숙해진 얼굴들과 이름들은 어느새 나의 친구들이 되었고, 자연스레 우리의 대화는 갈수록 깊어졌다. 그러면서 우리는 서로에 대한 이야기를 많이 나눌 수 있었다. 그도 그럴게, 나와 외국인 친구들은 이곳에서 만나기 전까진 단하나의 접점도 없던 사이였다. 각자 나라에 대해서도 대충만 알뿐 자세한 사정은 알지 못했다. 그러니 전공부터 시작해서 가족관계, 원래 살던 곳 등등의 주제로 대화하다보면 얘기가 끝없이 이어졌던 것이다. 어떤 이야기를 하더라도 서로의 생각을 존중하는 분위기는 더욱 깊은 대화를 가능하게 했고, 덕분에 나와 친구들은 보다 성숙한 관계를 맺을 수 있었다. 그렇게 우리는 서서히 서로에게 마음을 열게 되었다.

그러던 어느 날, 한 친구가 내게 자신이 우울증을 앓고 있다는 사실을 털어놓았다. 꽤 오래되었지만 자신의 가족들은 모르는 사실이라고 했다. 나는 겉으로 표는 안 냈지만 적잖이 놀랄 수밖에 없었다. 내가 본 그 친구는 타지생활을 씩씩하게 해내는 강인하고 멋진 사람이었기 때문이다. 그러나 나에게 보이는 모습이 그 친구의 전부는 아니었다. 오랜 시간 동안, 여러 번에 걸쳐 나눈 대화는 내가 몰랐던 그 친구의 모습을 알게 해주었다. 친구는 짙은 향수병을 느끼며 나만큼, 아니 실은 나보다 더 애쓰고 있었다. 어느 날엔 고향이 그립다며 우는 친구였지만 그때 내가 해줄 수 있는 건 그저 친구를 안아주는 일뿐이었다. 다른 친구들도 마찬가지였다. 늘 긍정적이고 자기관리가 철저해 내가 존경하던 친구는 알고 보니 불면증에 시달리고 있었다. 바뀐 환경에 마음이 편치 않아 잠을 못 자거나 폭식을 하는 등 자기도 모르게 몸을 혹사시키게 된다고 했다. 한번도 이런 상태를 겪어보지 않아서 어떻게 해야 할지 모르겠다는 친구에게 이번에도 난 별로 도움이 되지 못했다. 실은 나 말고도 우리 모두가 같은 처지라, 누구 하나도 제대로 된 답을 해주지 못했다.

누군가의 힘듦이 꼭 병리적인 현상을 수반하는 건 아니다. 오히려 그렇지 않은 경우가 훨씬 많고, 그래서 대부분은 별 문제 없이 하루를 살아가는 것처럼 보인다. 특히 나의 입장에선 교환학생들보다 현지친구들이 더 그렇게 보였다. 그 친구들이야 언어가 문제될 것도 없고, 환경이 낯설지도 않은데 뭐가 그리 힘들겠나 싶었던 것이다. 게다가 미국인들 특유의 쾌활한 화법이 더욱 그렇게 느껴지도록 만들기도 했다. 'Good'이나 'Nice'와 같은 긍정적인 말을 일상적으로 건네는 그들이었기에, 내 눈에 그들은 정말 별 탈이 없어보였다.

이러한 나의 생각 또한 틀렸다는 건 연극이 끝난 4월에서야 알게 되었다. 마지막 공연을 마친 날 밤, 쫑파티격인 Cast party가 한 친구의 방에서 열렸다. 장소에 도착하니 연극에 참여한 친구들이 한데 모여앉아 학교 Cast party의 전통의식을 진행하고 있었다. 이 의식은 순서대로 위스키가 든 잔을 들고 연극에 참여한 소감을 말한 뒤, 특정 단어를 말하고 잔을 비우는 방식이었다. 내가 그 단어가 무슨 뜻이냐고 묻자, 한 친구가 답하길 오래 전에 이곳 W&J에 재직했던 형편없는 연극 지도교수의 이름이라고 했다. 자리에 앉자마자 내 차례가 되어 분위기 파악이 안 됐지만 나는 소신껏 내 감회를 밝혔다. 다들 너무 잘하는데 나만 부족해서 처음엔 많이 위축되었고 포기하려고 했다고, 하지만 그러지 않아서 정말 다행이라고 했다. 이런 내 말에 친구들은 아낌없는 박수를 쳐주었다. 계속해서 다른 친구들의 차례가 이어졌는데, 술기운 때문인지 친구들은 소감을 말하며 하나둘 눈물을 보이기 시작했다.

친구들은 하나같이 이번 연극에 참여하게 되어 얼마나 좋았는지, 그러나 동시에 얼마나 힘들었는지를 털어놓았다. 1학년인 한 친구는 대학에 적응하는 게 쉽지 않다는 이야기를 했다. 친구의 물기 어린 표정엔 아직은 익숙한 것보단 낯선 게 많다는 불안정함이 서려있었다. 한편, 4학년이라 취업준비를 병행하는 친구는 교수님께 연극을 그만두라는 말을 들었다고 했다. 결국 고집대로 연극을 하긴 했지만 정말 시간적으로 여유가 없었다고 했다. 이 둘뿐만 아니라 연극에 참여했던 친구들 모두가 각자의 사정이 있었고, 감내해야 했던 어려움이 있었다. 위스키와 늦은 밤은 그 모든 걸 허심탄회하게 말할 수 있게 했다. 덕분에 그날의 파티는 눈물바다가 되었다. 나도 친구들의 말을 듣는 내내 덩달아 울었는데, 눈물을 흘리면서도 속으론 놀라기도, 또 위안을 느끼기도 했다. 놀랐던 이유는 늘 문제없어 보이던 친구들이 나만큼 힘들어한다는 걸 알게 됐기 때문이었고, 위안이 되었던 건 나만 그런 게 아니었다는 깨달음 때문이었다.

Perfectly imperfect

봄방학 때 친구들과 그랜드캐니언 트래킹코스를 걷던 중, 한번은 각 나라별 영어억양에 대한 얘기가 나온 적이 있었다. 그때 나는 스코틀랜드에서 온 친구의 억양이 너무 낯설어서 실은 자주 알아듣는 '척'을 한다고 고백했다. 말은 장난스럽게 했지만 사실 나는 스코틀랜드 억양을 못 알아듣는 것에 약간의 열등감이 있었다. 스코틀랜드 억양이 나한텐 정말 알아듣기 어려운데, 초반에 국제학생들이 다 함께 모일 때면 항상 스코틀랜드에서 온 친구가 대화를 주도적으로 이끌었기 때문이다. 그 친구가 워낙 활달해서 자기가 겪었던 경험을 실감나게 이야기하곤 했는데, 다들 그 친구의 말에 재미있어할 때마다 난 애써 알아듣는 척을 해야 했다. 여럿이 같이 있으니 두세 번 묻기도 멋쩍고, 다시 듣는 대도 이해할 자신이 없었다. 당연히 친구들과 나 사이에 벽이 느껴질 수밖에 없었다. 그런데 내 말을 들은 친구들이 하는 말이, 자기들도 스코틀랜드 친구의 말을 못 알아들어서 자주 알아듣는 척을 한다는 것이다. 친구들은 자신들한테도 스코틀랜드 억양이 어렵고, 나와 비슷한 이유로 그냥 알아듣는 시늉을 한다고 했다. 나는 정말 생각지도 못한 대답에 깜짝 놀랐고, 솔직한 친구들이 귀여워서 순간 웃음을 터뜨리지 않을 수 없었다. 그리고 또 다시 느꼈다. 이번에도 나만 그런 게 아니었다고. 다들 말하지 않을 뿐이지 나처럼 빈틈이 많고, 혼자 애쓰며 살아가고 있는 거라고.

거기까지 생각이 미치니, 진정으로 멋진 사람은 흠결이 적은 사람이 아니라 자신의 부족함을 알고도 충실하게 하루를 살아가는 사람이라는 생각이 들었다. 어떤 일이 생각대로 되지 않더라도, 그래서 아파하고 좌절하더라도 결국엔 다음 걸음을 내딛는 사람. 그런 사람이야말로 정말 용기 있는 사람이 아닐까. 나는 완벽한 사람이 아니라 그런 사람이고 싶다. 나의 약한 모습까지 외면하지 않는 강한 사람이고 싶고, 그런 나로 매일을 살아가고 싶다.

Chapter10.

동양인, 한국사람, 대학생, 여성으로서의 나

나는 '동양인'이다

미국에서 사는 동안 겪었던 변화 중 가장 컸던 건 그곳에선 매일같이 내가 동양인이라는 사실을 의식했다는 점이다. 내가 동양인인 것은 당연한 사실인데 무슨 소리인가 싶겠지만, 사실 한국에서 사는 동안엔 '동양인으로서의 나'를 의식한 적이 거의 없었다. 당연히 그럴 필요가 없었다. 주위 사람들의 대다수가 한국인들인 한국 사회에서 살아가는데 난데없이 '동양인으로서의 나'라니. 동양인은 고사하고 한국인이라는 나의 정체성에 대해서도 깊게 생각해보지 않았다. 그저 매운 떡볶이를 먹거나 급한 성미로 일을 서두를 때 나도 어쩔 수 없는 한국인이라고 생각했을 뿐이었다. 그만큼 동양인이자 한국인이라는 나의 속성은 아주 기본적이고 자연스러운 것이라 그것이 내게 특이한 무언가로 느껴지지 않았다.

그런데 미국에 가보니 사정이 달랐다. 미국에, 특히 인종적 다양성이 비교적 덜한 학교에 가니 나는 인종적으로 소수자가 되었다. 내가 있었던 W&J에는 동양인이 적었고, 그 중에서도 한국인은 다섯 명 정도였다. (그나마 있는 한국인들과도 끼리끼리 어울리지 않았다.) 그렇다보니 누구와 무엇을 하든 한국인, 혹은 동양인이라는 나의 정체성이 부각될 수밖에 없었다. 일상적으로 대화를 나눌 때도 초점은 나의 국적에 있었다. 어떠한 주제든 '한국은 이렇다'라는 식으로 답하며 대화를 이어나가는 경우가 많았던 것이다. 스스로 인식하기에도 나는 한국인 '나'라기보다는 '한국인' 나에 더 가까웠다. 한국을 주제로 얘기 나누지 않더라도 교실에서 나만 동양인이거나 다른 친구들로부터 이질감이 느껴질 때, 나는 그들을 '나와 다른 환경에서 살아가는 나와 다른 사람들'이라고 여기며 먼저 선을 긋기도 했다. 타인을 배척하기 위해 일부러 그런 것이 아니라 나도 모르게 그렇게 느낄 만큼 차이가 있었다. 뭐라 딱 꼬집어 말할 순 없어도 내가 지금껏 익숙하게 여겨온 것들과는 확연히 다른, '한국스럽지 않은' 것투성이였다. 새로운 환경은 낯설었지만 때론 더 좋기도 했다. 다양한 국적의 친구들을 사귀고 알아가는 일은 무척 즐거웠다. 그러나 한편으론 조금 외롭다는 생각이 드는 건 어쩔 수 없었다. 그 작은 외로움은 교환생활 내내 나와 함께한 감정이었다. 아마 그러한 감정은 나뿐만이 아니라 외국인 신분으로 다른 나라에서 산 적이 있는, 또는 지금도 살

아가고 있는 사람이라면 한번쯤은 느껴본 적 있을 것이다. 고향에
대한 향수는 그 무엇으로도 해소될 수 없으니 말이다.

나는 '동양인'이다, 근데 그게 뭐지?

　내가 동양인이라는 자각은 새로웠던 만큼 나를 혼란스럽게 만
들기도 했다. 내가 유일한 동양인이었던 수업에 갈 때마다, 교실
에서 나만 동양인이라는 생각은 어쩐지 묘하게 느껴졌다. 쉽게 얻
을 수 없는 특권을 누리는 것 같아 행운처럼 느껴지기도 했고, 한
편으론 나 하나론 인종적 다양성이 충분하지 않다는 생각에 아쉽
기도 했다. 어찌됐건 나는 남들과 구별 지어 '동양인으로서 나'를
끊임없이 의식했다. 그런데 문제는 그 다음이었다. 나는 분명 동
양인 여성이 맞고, 그 정체성은 나의 본질적인 특성인데 그게 대
체 어떤 의미인지 모르겠다는 생각이 들었다. 흑인과도, 백인과
도 분명히 다른데 어떻게 표현하기가 어려웠다. 그리고 설사 그
것을 탐구하더라도 동양인에 대한 담론이 이곳에서 얼마나 중요
하게 여겨질까 싶었다.

　미국 내 동양인의 낮은 비율을 감안하고서라도 미국 사회에선
동양인이 거의 눈에 띄지 않는다. 한 미디어 수업에서 함께 검토

한 자료에 의하면 미국 인구에서 동양인이 차지하는 비율은 8%라고 한다. 하지만 할리우드 배우의 70%가 백인 남성인 가운데 동양인은 6%가 채 안 되었다. 또한 아시아인을 포함한 유색인종이자 여성인 감독은 1%에 불과했다. 비율만큼이나 중요한 건 그들이 어떻게 묘사되느냐다. 백인 남성은 무수히 많은 캐릭터와 서사를 가지는 반면, 유색인종이나 여성은 고정관념이 만들어낸 판에 박힌 캐릭터가 주를 이뤘다. 가령 흑인 여성은 뚱뚱하거나, 수다스럽고 웃기거나, 우악스럽거나, 성적으로 문란하다는 틀 안에 대부분의 캐릭터가 갇혀있는 식이다. 한편, 동양인 여성은 순진해서 성적으로 다루기 쉽다거나 괴짜, 무림고수 등 특이한 인물로 그려지는 경향이 있으나, 그전에 이들은 미디어에 노출되는 빈도부터가 매우 낮았다. 한 마디로 흑인 여성들이 잘못된 방식으로 묘사된다면(misrepresented), 동양인을 포함한 그 외 유색인종 여성들은 묘사조차 되지 않는 것이다. (underrepresented)

미국 사회에서 스스로가 동양인 여성임을 의식하는 것은 알 수 없는 기분이었다. 나는 이곳에서 소수자인데, 그렇다면 그게 어떤 차이를 만들어내는 거지? 동양인에 대해 이야기한다면 어떤 특성을 말할 수 있을까? 동양인 여성이라는 집단에는 무슨 중요성이 있을까? 이러한 커다란 질문들은 계속해서 내 안에 파도처럼 일었다. 다행히도 나는 그 고민을 한 전공수업의 과제에 담을 수 있었다. 해당 수업은 성과 인종을 중심으로 인간의 여러 가지 특성들 간 상호교차성(intersectionality)을 분석하는 수업이었는데, 우리는 각자 설정한 집단의 상호교차성을 탐구해 보고서를 써야 했다. 그래서 나는 내가 당사자이기도 하면서 제일 궁금했던 '아시아 여성'을 탐구집단으로 정했다. 그 밖에도 '게이 아프리카계 미국 남성', '트랜스젠더 이주민 여성' 등 백인, 남성, 이성애자, 기독교인, 중산층 등으로 대표되는 기득권의 특성이 2개 이상 결여된 집단이 다른 친구들의 연구 대상이 되었다.

'아시아 여성'은 존재하지 않는다

최종 제출 날이 있는 기말고사 기간 전까지, 우리는 학기 내내 보고서에 매달렸다. 교수님은 우리끼리 개요에 대한 피드백을 주고받는 시간을 여러 차례 주셨고, 보고서의 파트별로 3번, 전체적으로 1번 총 4번의 피드백을 주기도 하셨다. 때문에 나는 다시 생각하고, 찾아보고, 수정하는 과정을 반복하며 머리를 쥐어뜯었지만 그래도 끝까지 고민을 놓지 않을 수 있었다. 그리고 마침내 학기 말엔 글로만 빼곡히 채운 장장 열일곱 페이지의 보고서를 완성할 수 있었다. 내가 보고서에서 얻은 결론의 핵심을 한 문장으로 정리하면 '아시아는 공통점보다 차이점이 더욱 두드러지는 대류이므로, 그 안에 살아가는 여성들을 아시아 여성이란 단일한 범주로 묶는 것은 무리가 있다'였다.

1. 아시아라는 대륙의 다양성

아시아는 세계 최대 크기의 대륙으로, 많은 국가들이 아시아 내에 위치해 있다. 크기가 넓은 만큼 북부, 중앙, 서남, 남부, 동남, 동아시아별로 자연환경이나 정치, 사회문화도 무척 다르다. 예컨대 동아시아에 속하는 나는 중동의 문화가 매우 낯설게 느껴진다. 아무리 같은 동양인이라지만 동질감보단 이질감이 더 크게 느껴지는 것이다. 같은 지역권이라고 해도 그다지 다를 건 없다. 일본은 한국인들에게 가장 친숙한 국가 중 하나지만 정작 나는 일본에 대해 많이 아는 게 없다. 그래서 일본의 연호가 '헤이세이'에서 '레이와'로 바뀌었다는 소식을 들었을 때 그게 일본인들에게 어떤 의미를 가지는지 알지 못했다. 물론 나라별로 문화 차가 존재하는 건 너무 당연한 말이지만, 그동안은 한국이 아닌 국가를 '다른 나라'라는 범주로 한데 묶었을 뿐 그 이상으로 깊게 생각해보지 않았다. 하지만 아시아라는 한 대륙 안에서 각 나라를 살펴보니 크고 작은 차이가 매우 두드러졌다. 문득, '아시아다운 무언가'를 하나로 말할 순 없겠다는 생각이 들었다. 일상적으로도 나는 그러한 느낌을 자주 받았다. 한번은 음력 설날을 뜻하는 Lunar New Year's Day에 식당에서 아시아 음식이 나온 적이 있었다. 그날이 되기 전부터 나를 비롯한 동양친구들은 아시안 음식을 먹을 생각에 무척 들떴다. 그러나 막상 설날 당일 식당에 가보니 정체를 알 수 없는 해괴한 음식들이 놓여있었다. 그나마 기존에 알던 포춘쿠키같은 음식들도 전부 중국식이었다. 맛있는 밥을 먹을 거라는 기대와 달리, 그날 나는 결국 샐러드와 피자로 배를 채웠다. 감정적 허기가 해소가 안 돼 음식을 많이 먹어도 마음이 허했다. 모든 동양 친구들이 입을 모아 실망감을 내비쳤다. 맛있는 동양음식을 먹지 못한 건 둘째 치고서라도, 동양의 문화가 이 곳에서 이렇게 표면적이고 단순하게 재현되는 게 못내 아쉬웠다. 아시아라는 대륙은, 그리고 그에 속한 나라들은 그렇게 단순하지도, 동일하지도 않았다.

2. 아시아 내 수많은 언어들

언어의 장벽 역시 아시아를 한데 묶는데 커다란 장애물이 된다. 인도에서 온 한 친구의 말에 의하면, 인도에는 천여 개가 넘는 언어가 있다고 한다. 힌디어가 공용어이지만 지역별로 각기 다른 언어를 함께 사용하기 때문이다. 거기에다 영어가 상용어라서 영어

사용률이 날로 높아진다고 하는네, 보통 젊거나 고학력일수록 영어를 잘한다고 한다. 이런 배경이다 보니 인도인들의 언어 사용 유형은 개인마다 천양지차다. 내 친구들을 예로 들어보자면 인도 펀자브 지방에서 온 친구는 펀자브어, 힌디어, 영어를 말할 줄 알았지만 펀자브어를 쓰는 건 서툴렀다. 그리고 또 한 친구는 힌디어를 유창하게 하지만 정작 힌디어를 한 글자도 적을 줄 몰랐다. 그러니 사실상 같은 국가 내에서도 모든 사람들이 원활하게 소통할 수 있는 건 아닌 것이다. 한편, 한국어와 일본어, 중국어가 비슷하다는 시각도 있다. 물론 한국어와 일본어는 둘 다 중국 한자의 영향 아래 만들어진 언어이고, 그래서 문장의 구조나 몇몇 단어들에서 유사점이 있다. 하지만 그렇다고 한국 사람이 일본어나 중국어를 쉽게 배우는 건 아니다. 두 언어도 다른 제2외국어와 마찬가지로 외국어일 뿐, 오히려 어린 시절부터 배우게 되는 영어가 더 익숙하다면 익숙하다. 그러니 아시아인이 다른 아시아인들과 소통하기 위해선 만국공용어인 영어를 사용하는 게 최선일 수밖에 없다. 하지만 라틴어를 근간으로 한 언어를 사용하는 유럽이나 다른 대륙들에 비해, 아시아인들이 영어를 익히는 건 언어학적으로 더욱 어렵다. 뿐만 아니라 지정학적으로도 영어권 문화는 아시아와 명확히 구분되기 때문에 아무리 영어가 세계 보편 언어라고 해도 대다수 아시아 국가에서 영어를 일상적으로 쓰진 않는다. 이는 당장 우리 한국사회만 둘러보아도 알 수 있는 사실이다.

나는 '한국인'이었다

그렇다면 '동양인으로서의 나'라는 정체성은 어떻게 설명될 수 있을까. 내가 생각해낸 방향은 '동양인'이 아니라 '한국인'으로서, 다시 말해 동양권 문화 중에서도 내가 속한 한국 사회에 초점을 맞춰 고민해보자는 것이었다. 지금까지 나는 서양 친구들에게 동양인으로서의 입장을 말해왔다고 생각했지만 사실 그건 한국인의 시각에 더 가까웠다. 여성을 대상으로 한 불법촬영, 중고등학교에서의 주입식 교육과 치열한 대학입시, K-pop이 이끄는 대중문화…. 그간 내가 친구들과 이야기했던 주제들은 한국 사회에 대한 것이지 그 밖의 다른 게 아니었다. 오히려 이것을 동양에 관한 이야기라고 성급하게 일반화한다면 그거야말로 아시아에 대한 오해를 불러일으키는 일이 될 수 있다. 이렇게 한국이 한국만의 고유한 특성을 가지듯 일본도, 인도도, 그리고 아시아 내 다른 국가들 모두 각자의 고유한 모습을 가진다. 그러니 내가 관심 가져야 하는 건 지금껏 동양으로만 두루뭉술하게 생각해온 사고방식을 버리고, 각 지역의 특수성에 주목하여 그 차이를 이해하는 일이 되어야 한다. 그 무수한 차이를 가로지르는 교차성에 대해 고민하는 것은 그 다음 순서여도 늦지 않을 것이다. 그래서 돌고 돌아 마침내 내가 내린 결론은 다음의 문장과 같았다. '나는 동양인이기 전에 한국인이었다.'

20대, 그리고 대학생

대학생으로서 보내는 20대 초반은 누가 뭐라 해도 청춘인 시기다. 법적으로도 성인이 되어 웬만한 규제에서 자유롭고, 고등학교보다 훨씬 커다란 캠퍼스는 대학생들의 행동반경을 전과 비교할 수 없을 정도로 넓힌다. 대학생들은 대체적으로 자기가 원하는 전공을 택하고, 여행을 하거나 연애를 하며 본격적으로 자신의 인생을 살아가기 시작한다. '대학만 가면 해야지'라고 유보했던 온갖 로망과 욕구는 서툴지만 날 것 그대로 발현되어 캠퍼스 라이프의 첫 페이지를 장식한다. 으레 얘기되듯 불완전하면서도 아름다운 시기다.

나 역시 새내기 시절엔 그 누구보다 마음껏 대학생활을 즐겼다. 미우나 고우나 내 전공이 좋았고, 동기들과 하는 스터디가 좋았다. 여행통장에 돈을 모아서 떠나는 여행이 좋았고, 학교에서 경험하는 여러 동아리나 활동이 좋았다. 거기서 만나는 사람들이, 그들과 나누는 대화 하나하나가 진심으로 좋았다. 넓어진 세상에 혼란스럽기도 했지만 그래도 새로운 것을 알아간다는 사실이 결국엔 좋았다. 보고 듣고 알아가는 게 많아지니 괜스레 내가 큰 사람이 된 기분이었다. 스스로 성장하고 있음을 느낄 때마다 들었던 짜릿한 감각은 내가 살아가는 동력이었다.

하지만 알에서 깨어 나오는 과정은 필연적으로 고통을 수반한다. 자유롭다는 건 그만큼의 책임이 요구된다는 뜻이었고, 지식은 나의 지적 허영을 채워주는 것에서 그치지 않았다. 시간이 갈수록 나는 내가 마주한 상황에 책임감을 가져야했다. 그게 어렵게 느껴졌던 건 주어진 상황을 능동적으로 살아가는 게 아니라, 상황 자체부터 내가 만들어가야 했기 때문이었다. 거기엔 내가 정말로 원하는 게 무엇인지 고민하는 일, 그에 따라 지금 당장 필요한 것은 어떤 게 있는지 판단하는 일, 나의 관점을 정립하는 일, 그 과정에 개재된 여러 인간관계를 신경 쓰는 일 등이 복잡하게 얽혀 있었다. 당연히 나는 그 모든 걸 제대로 해낼 수 없었고, 점점 스스로에 대한 확신이 줄어들었다. 아는 게 많아질수록 그 안에서 내가 골라야 할 답을 찾기가 어려워졌다. 자연스레 한 길만을 생각해왔던 진로도 흔들렸고, 불완전한 마음이 하루하루를 채웠다. 세상에 대해서도, 사람에 대해서도 회의적이었던 시기가 있기도 했다. 커간다는 게 마냥 짜릿한 일이 아니라는 걸 그제야 알게 되었다. 다른 말 필요 없이 '벅차다'는 표현으로 충분했다. 그 와중에 나의 학교가 위치한 신촌은 너무 빠른 속도로 흘러가는 곳이었다. 사람들이 분주하게 제 갈 길을 가는 거리에서, 나는 휩쓸리지 않기 위해 무던히도 애써야했다.

교환학생으로 신촌을 떠나게 된 건 어찌 보면 '멈춤'이었을지도 모른다. 한국에서 대학생으로 살아가며 누리던 것, 혹은 감내하던 것들을 모두 던지고 간 셈이었으니 말이다. 마침 내가 떠날 무렵이 웬만한 강의가 거기서 거기처럼, 손에 짚이는 책들도 다 비슷하게 느껴질 시기였다. 여러 의미에서 지친 학교생활에 교환학생은 하나의 탈출구였다. 그렇게 미국을 오게 되었고, 앞서 이야기한 것처럼 나는 너무나 새로운 것들을 경험할 수 있었다. 미국에서의 일상이 순탄하진 않았지만 나는 계속해서 자극이 되는 환경이 좋았다. 또한 이러한 높은 수준의 교육환경은 나에게 만족감을 준 동시에 나의 특권을 깨닫게 해주기도 했다. 비록 내겐 큰 도전이었지만, 사실 교환학생은 워킹홀리데이나 여타 타향살이에 비해 비교적 점잖은 경험에 속한다. 대학교 캠퍼스만큼 안전하면서도 진보적인 공간이 없고, 정해진 커리큘럼대로 공부하는 것만큼 마음 편한 일이 없기 때문이다. 그런 울타리 안에서 학습하고 지적 수준을 높여가며, 나는 나도 모르는 사이에 모종의 책임감을 느끼게 되었다. 이곳에서 값지게 배운 것들이 그저 내 안에 남아 있는 것이 아니라 그것을 밖으로 꺼내어 어떻게든 쓸모를 만들고 싶다는 생각이 들었다.

여전히 나는 여성이다

고등학교 졸업 이후 내가 가장 치열하게 마주한 나의 정체성은 '여성으로서의 나'였다. 대학에 가니 일반 인권에서 파생된 여러 권리에 관한 책이나 담론을 접할 수 있었고, 그러한 환경 속에서 나는 전보다 더 주체적으로, 더 넓게 세상을 볼 수 있었다. 그러면서 제일 많이 느꼈던 것 중 하나는 한국사회에서 여성이 여전히 열악한 위치에 놓여있다는 점이었다. 그동안 내가 당연하게 생각해왔던 것들-혼자 걷는 밤길을 무섭다고 느끼는 것이나 기존의 고정된 성별 역할 등등-이 실은 자연스러운 게 아니었고, 대다수의 것들이 부당하다고 말할 수 있을 정도로 문제적이었다. 그걸 깨닫고 나니 사회의 통념이나 구조가 눈에 들어왔고, 이를 비판적으로 바라볼 수 있게 되었다. 그렇게 나는 불평등한 사회에 분노하기도 하고, 희망을 가지기도 하면서 성 인지 감수성을 길러 나갈 수 있었다.

미국에 와서는 한국에서만큼 성차별적인 언행을 자주 접하진 않았다. 이는 미국 사회가 젠더 이슈에 대해 우리나라보다 더 열려있기 때문이기도 했고. 내가 대학교 캠퍼스라는 공간에서 생활했기 때문이기도 했다. 어쨌든 덕분에 나는 '페미니즘'으로 통칭될 수 있는 젠더·섹스·섹슈얼리티에 대한 담론이 매우 자연스러운 환경에서 수학하고 생활할 수 있었다. 그러던 어느 날, 주말에 혼자 피츠버그에 다녀왔던 한 여성인 친구가 타 대학 남학생에게 위압감을 느낀 일이 있었다. 한 남학생이 친구에게 다가와 도시를 소개해주겠다고 해서 친구는 이를 흔쾌히 수락했는데, 그 남학생이 자꾸 스킨십을 시도했다는 것이다. 친구는 바로 불쾌감을 느꼈지만 같이 다니는 와중에 빠져나갈 구실도 없었고, 괜히 싫은 소리를 했다가 그 남학생이 어떠한 보복을 할지 몰라 두려웠다고 했다. 그래서 결국 친구는 그날 내내 그와 동행했다. 다행히 친구는 그날 심각한 정도의 추행이나 피해 없이 무사히 캠퍼스로 돌아왔지만 분명히 그것은 폭력적인 일이었다. 결론적으로 별 일이 없었으니 친구가 느꼈던 공포감을 실감하기 어려울 수 있지만, 당시 친구는 피츠버그에 도움을 구할 만한 사람이 아무도 없는 외국인 여성이었다. 그러니 그 남학생을 뿌리치지 못한 내 친구가 단호하지 못한 거였다고 말할 수 없는 것이다. 내가 당사자인 것도 아니고, 그렇게 큰 일로 번지지 않았는데도 이 일은 나까지 위축되게 만들었다. 비단 이번 일뿐만 아니라 이와 비슷한 수많은 일들이 이런 식으로 어물쩍 넘어갈 거라는 생각에 답답한 마음이 들었다.

그리고 며칠 뒤, 오랜만에 화창한 날씨가 반가워 캠퍼스 밖으로 홀로 산책을 나선 일이 있었다. 얼마간 신나게 걷다가 사거리 횡단보도 신호가 동시에 바뀌는 교차로에 다다라 반대편으로 건너려는데, 대각선에서 어떤 남자가 나를 향해 걸어오며 대뜸 "Hello"라고 말을 걸었다. 아무리 미국인들이 모르는 사람과 편하게 대화한다고 해도 별 다른 이유 없이 길에서 그렇게 인사를 하진 않는다. 그때는 나도 그 정도의 감각은 있었던 때라 조금은 떨떠름하게, 이게 무슨 상황인걸까 싶은 생각으로 남자의 인사를 받았다. 그러더니 그 남자는 여전히 나를 따라오며 "You're pretty"라고 다시 말을 걸었다. 정말 별 말 아니지만, 그 말을 들은 순간 나는 온몸에 소름이 돋았다. 며칠 전 친구가 겪었던 일이 떠올랐기 때문이다. 그래서 나는 그 말을 못 들은 척 빠르게 앞으로 걸었다. 혹시나 아직도 그가 나를 따라오고 있을까 무서워 뒤를 돌아보지도 못했다. 그렇게 심장이 쿵쾅거리는 소리를 들으며 이삼 분을 내리 걸었을까, 그제야 뒤를 돌아보니 그 남자는 온데간데없이 사라져 있었다. 그걸 확인하자마자 나는 바로 캠퍼스로 돌아왔다. 그리곤 다시는 혼자 캠퍼스 밖에 나오지 않겠노라 다짐했다. 지금 생각하면 그 남자가 말을 건 것은 단순한 플러팅에 지나지 않는 것이지만, 그때 나는 진심으로 공포를 느꼈다. 혹시 그 사람이 조금 더 대담했거나 막무가내였다면 일이 어떻게 더 나빠졌을지 모르는 일이었다. 모르는 여성에게 플러팅을 하는 별 것 아닌 행위도 상황에 따라서는 위협적으로 느껴질 수 있다는 걸 알게 된 순간이었다. 한국을 벗어났지만 미국에서도 여전히 나는 여성임을 느꼈다. 젠더에는 국경이 따로 없었다.

Chapter11.
한국과 미국이 다른 점

한국과 한국이 아닌 나라의 차이를 이야기하는 건 사실 다소 진부하게 들릴지 모른다. 나 또한 미국에 가기 전 한국과 미국을 비교하는 글이나 영상을 자주 접했고, 그래서 실제로 가게 되면 어떤 걸 경험하게 될지 대강 짐작이 되었다. 들은 바에 의하면 미국은 한국보다 개방적이고, 개개인을 존중하고, 실용을 추구하지만 행정적인 부분이 상대적으로 불편한 나라였다. 내가 직접 가서 겪은 미국은 정확히 듣던 대로였다. 그곳은 해방감을 느끼게 할 정도로 열린 곳이었고, 서로를 존중하면서도 그을 선은 긋고 할 말은 하는 곳이었다. 또한 그곳의 사람들은 겉으로 드러나는 것보단 편안함이나 실용성을 우선시하는 편이었다. 마지막으로 그곳은 엉망진창이라고 느껴질 만큼 비효율적이고 불편한 행정시스템이 있기도 했다.

전에 느껴보지 못했던 자유

아무래도 미국에서 더 자유를 느꼈던 이유는 그곳에서 내가 홀몸이기 때문이었다. 가족도, 친척도, 친구들이나 대학 동기들도 없는 곳에 가니 신경 쓰거나 비교할 사람들이 없었다. 이때 느낀 해방감은 나조차 놀랄 정도였다. 나는 여태껏 스스로 남과 비교도 덜 하고, 그래서 그것에서 오는 스트레스도 많지 않은 줄로만 알았다. 각박한 현실이지만 그래도 나름 씩씩하게 산다고 생각했다. 그런데 얕고 깊게 맺었던 관계들에서 막상 벗어나니 비로소 엄청난 크기의 자유가 찾아왔다. 그런 자유를 홀로 만끽하면서도, 그동안 내가 얼마나 무의식적으로 타인을 의식했는지를 깨닫게 되어 조금 씁쓸한 기분이 들었다. 이렇게 나도 모르는 사이에 나를 옥죄고 있는 것들이 있다는 게 어쩐지 무섭게 다가왔다.

낯선 곳에 홀로 왔다는 사실에 더해, 중구난방의 자유로움을 지닌 미국사회는 내게 한층 더 넓은 자유를 선사했다. 학생들은 자신의 생각을 드러내고 이에 대해 토의하는 것에 거리낌이 없었다. 이는 일상적으로 나누는 small talk에서뿐만 아니라 연극으로도, 수업의 페이퍼 주제로도 이어졌다. 이런 자유분방한 분위기의 가장 큰 매력은 내가 스스로에게 보다 솔직해질 수 있다는 점이었다. 정치나 성(性) 등 예민하다고 여겨지는 주제에 대해 이야기하는 것은 물론, 나는 내 자신이 느끼기에 별로인 내 모습도 있는 그대로 내보이곤 했다. 전에는 아무리 피곤해도 최대한 친구들과 노는 자리에 머무르려 했다면, 여기선 피곤할 땐 피곤하다고 말하고 먼저 방에 갔다. 위스키도, 귀 아픈 전자음악도 취향이 아닌 나라서 주말마다 있는 플랫파티에는 거의 가지 않았다. 누군가가 이런 나를 지루한 사람이라고 생각한대도 별 상관없었다. 내가 좋아하지 않는 것을 억지로 하면서까지 무언가를 인정받고 싶지 않았고, 어차피 내가 마음 쓰는 사람들은 그렇지 않아도 내 곁에 있어준다는 걸 알고 있었다. 그래서 화나는 일이 있으면 화를 냈고, 우울할 땐 우울하다고 말했다.

그 밖에도 나는 나의 감정 대부분을 솔직하게 대하려고 노력했다. 내가 채식을 한다는 사실도 멋쩍어하며 밝혔던 한국에서와 달리 미국에서는 아무렇지 않게 이야기했다. 그랬더니 오히려 학기 내내 채식에 관한 대화가 자주 점심 테이블에 오르게 되었다. 무엇보다 나는 나에게 건네지는 칭찬도 곧이곧대로 받아들이고 고마워하게 되었다. 예전이라면 무슨 말을 듣건 아니라고 손사래 쳤겠지만 이젠 "그렇게 생각해줘서 고마워"라고 답한다. 덕분에 생긴 기쁜 마음도 구태여 감추지 않으려고 한다. 이러한 행동 하나하나는 사소하지만 나의 자존감을 높여주었고, 이제 나는 그러한 것들이 쌓이고 쌓여 온전한 내가 된다는 사실을 안다. 태어나

면서부터 자유를 누린 세대로 살아왔지만, 미국에서 느낀 자유는
전에 느껴보지 못했던 새로운 감각의 자유였다.

교실 안에서 마주친 평등의 실체

아직까지도 기억에 남는 학기 초반에 통계 교수님이 하셨던 말
이 있다. 교수님이 수업 중 던진 질문에 한 학생이 대답을 했는데,
그 답이 교수님이 기대하는 것과 조금 달랐던 모양이었다. 그런데
그 학생이 완전히 생뚱맞은 얘기를 한 것도 아니어서 교수님은 그
미묘한 차이를 짚으며 강의를 이어나갔다. 그때 교수님이 설명하
기 전에 하셨던 말이 "I'm not correcting you"였다. 자신이 그
학생의 생각을 교정하는 게 아니라 다른 식으로도 생각해볼 수 있
다는 취지에서 한 말이었다. 이 말을 듣고, 나는 과장을 조금 보태
서 머리를 한 대 맞은 것처럼 충격을 받았다. 수업을 몇 번 한 뒤
라 면학 분위기가 평등하다는 것을 느끼긴 했지만 이렇게까지 탈
권위적인 모습을 보이시다니, 나로서는 그저 놀라울 따름이었다.

통계수업 말고도 미국에서 들었던 모든 수업들의 공통점은 교수
와 학생들 간의 관계가 매우 평등하다는 점이었다. 이것은 생각보
다 정말 큰 영향을 끼치는데, 기본적으로 이런 관계 속에선 교수

님들이 지식 전달자라기보다는 전반적으로 수업을 이끄는 사회자 역할을 하신다. 그랬을 때, 학생들은 단순히 수강생이 아닌 참여자가 되어 수업에 임할 수 있게 된다. 그러니 학생들이 수업에 참여하는 비중이 큰 것은 너무도 당연한 일이다. 교수님이 질문을 던지면 학생들은 각자의 생각을 밝힌다. 한 학생이 의견을 내면 다른 친구가 동의하며 첨언을 하기도, 그와 다른 입장을 펼치기도 한다. 교수님들도 자주 토론에 개입해서 의견을 냈지만, 그 발언 역시 정답이 아닌 학생들과 똑같은 무게를 지닌 의견이었다. 그 어디에서도 '내가 맞다' 식의 권위적인 태도는 찾아볼 수 없다. 토론을 하는 동안 우리의 생각들이 칠판을 가득 채우면 교수님은 그것을 정리해 우리가 배웠던 이론을 끌어내가며 핵심을 짚어주셨다. 그렇게 수업이 끝나고 나면 무언가가 한바탕 휩쓸고 지나간 기분이 들었다. 특히 내가 좋아하던 한 수업에선 매번 그 여운이 오래도록 가시지 않았다. 그 덕에 나는 수업을 들을 때마다 우리가 학습공동체로서 다함께 수업을 만들어간다는 생각을 자주 하게 되었다. 나 역시 그 일원으로서 수업에 기여하고 싶다는 욕심이 드는 건 자연스러운 일이었다.

학기 초반에 "I'm not correcting you"라는 통계교수님의 말에 놀랐다면, 학기 후반부에는 전공교수님의 또 다른 한 마디가 나를 놀라게 했다. 기말시험을 앞두기 전, 이번 학기 동안 들었던 강의에 대해 설문조사를 하는 기간이 있었다. 강의평가야 한국에서도 해오던 것이니 기간 내에만 적당히 써서 제출할 생각이었다. 그렇게 마지막 전공 수업에 갔는데, 교수님이 아직 강의평가를 안 한 학생들을 위해 수업시간을 이용해서 할 수 있도록 따로 시간을 주신다고 하셨다. 그리고 당신은 그동안 나가있겠다고 하시며 몇 마디 덧붙였는데, 그때 우리에게 하셨던 말이 "Help me"였다. 교수님은 더 좋은 강의를 위해선 우리의 도움이 필요하다고, 그러니 자기를 도와달라고 하셨다. 더도 덜도 말고 딱 저렇게 말씀하시는 교수님의 모습에서, 나는 그 어느 때보다 교수님의 진심을 느낄 수 있었다. 누군가의 진심을 대하는 게 이렇게나 묵직한 일인가 싶을 정도로 그 말은 내게 무척 무게감 있게 다가왔다. 아무리 한 학기 동안 교수와 학생 간의 수평적인 관계에 나름 익숙해진 나라지만, 스스로를 기꺼이 낮추고 우리에게 도움을 구하는 교수님은 끝까지 나에게 귀감이 되어주셨다.

나는 나, 너는 너

　자유는 홀로 존재할 때 고귀한 게 아니다. 그에 수반되는 책임과 타인에 대한 존중이 부재한다면 자유는 그저 방종이 될 뿐이다. 그렇기 때문에 앞서 이야기한 '내가 나로서 살 수 있는' 자유를 누리기 위해선 타인을 존중하는 자세가 필요하다. 그것을 개인주의로 부르든 배려로 부르든 상관없다. 뭐가 되었든 남들이 나와 다른 것을 들어 그들을 섣불리 재단하려는 태도는 지양함이 마땅하다.

내가 미국에서 만난 학생들은 하나같이 정말 개성적인 사람들이었다. 그들은 체형이나 살집의 정도에 상관없이 몸매가 드러나는 옷을 입기도 하고, 레깅스나 여타 운동복을 일상복처럼 입기도 하고, 좋아하는 영화나 애니메이션의 작중 소품을 본 따 만든 액세서리를 착용하기도 했다. 개중에는 반바지에 털실내화를 신는 친구도 있었고, 골프 모자를 쓰고 수업에 온 친구도 있었다. 화장법이나 헤어스타일도 전부 제각각이었다. 비록 지금 언급한 것은 외형적인 모습뿐이지만 이는 곧 그들 내면의 개성을 나타내기도 했다. 아무도 타인의 겉모습에 수군거리지 않는데 누가 굳이 속내를 감추려들겠는가. 그러니 그들은 TPO(시간, 장소, 상황에 맞게 의복을 알맞게 착용하는 것)를 지키면서도 평소엔 각자 내키는 대로 자신을 꾸몄다. 분명 한국에서라면 입방아에 오르내릴 차림도 많았다. 하지만 미국에서는 지나가다가 마주친 누군가의 스타일을 칭찬하면 칭찬했지, 그 이외의 말은 하지 않는다. 설사 누군가의 옷차림이 자신이 보기에 이상할지라도 그것을 입 밖으로 꺼내는 일은 드물었다.

우리가 얼마나 서로 다른 취향을 지녔는지는 식사를 할 때도 드러났다. 모든 게 뷔페식인 카페테리아에서 친구들과 한 테이블에 모일 때면 우리는 제각기 다른 음식을 담아왔다. 각종 생야채나 과일을 한가득 담는 나 같은 사람도 있었고, 고향에서 야채를 익혀먹어 버릇해 샐러드는 거의 먹지 않는 친구도 있었다. 온갖 음식에 피넛버터를 발라먹는 친구, 식사 마지막에는 차를 마시는 친구, 디저트 코너에 브라우니가 있으면 꼭 바닐라 아이스크림 한 스쿱을 얹어먹는 친구, 쿠키를 두유에 찍어먹는 친구⋯ 누가 시킨 것도 아닌데 이렇게나 입맛이 따로 놀았다. 식사를 하는 방법도 달랐다. 나는 내가 먹을 만한 음식만 주로 담아서 최대한 다 먹는 편이었는데, 또 다른 친구는 일단 이것저것 받아와서 시도해보고 아니다 싶으면 남기는 타입이었다. 식사를 빠르게 끝내고 앉아서 떠드는 친구가 있던 반면 대화하는 내내 오래도록 밥을 먹는 친구도 있었다. 하지만 이렇게 달라도 서로의 식사에 터치하는 일은 전혀 없었다. 나의 경우엔 가끔 친구들이 고기를 받아와선 먹지 않고 버리는 게 조금 보기 불편하긴 했지만, 그렇다고 내가 훈수를 둘 순 없는 일이었다. 그리고 그건 굳이 말을 하지 않더라도 행동으로 보여줄 수 있었다. 친구들은 내가 아무 말 하지 않아도 건강하고 행복하게 채식하는 모습을 보고 자기도 육류 소비를 줄여보겠다고 먼저 말하곤 했다. 그런 경험들이 쌓여 나는 더욱더 주변인들에게 부담일 수 있는 채식을 먼저 권하지 않으려 한다.

내가 비채식인 친구들을 존중할 때 친구들도 나를 존중해주는 건 너무 당연한 일이다. 그 존중이 관심으로 이어지고, 더 나아가 변화로까지 발전한다면 내 입장에서야 기쁜 일이지만 그 과정에서 내가 개입할 수 있는 부분은 제한적이다. 그러니 나는 그저 내가 할 수 있는 일 안에서 최선을 다하면 되고, 그것의 첫 걸음은 타인을 존중하는 일이다. 나는 나고, 너는 너니까!

설마 했던 미국 행정, 내게도 문제가 되다

미국의 행정 처리 절차는 한국에 비해 아주 느슨한 편이다. 두 국가 간 행정 시스템에 정확히 무슨 차이가 있고 어디가 더 나은 것인지는 모르겠으나, 적어도 그것을 실제로 행하는 과정에서만큼은 분명한 차이를 보였다. 한국인들의 급한 성미와 손님이 왕이라는 한국의 접대 문화, 그리고 미국인들의 easygoing 마인드와 고객은 고객일 뿐인 서비스 문화가 제각기 합쳐져 만들어낸 커다란 차이였다. 미국의 행정이 뭇 사람들을 열 받게 만든다는 이야기는 익히 들어서 잘 알고 있었다. 실제로 내가 처음 미국에 갔을 때도 몇 가지 불편했던 일들이 있기도 했다. 하지만 막상 그 악명 높은 행정을 경험하니 느리거나 언뜻 체계적이지 않아 보이는 절차가 그렇게 큰 문제일 건 없었다. 조금의 불편함을 감수하긴 해야 하지만 덕분에 직원들은 자신을 혹사시키면서까지 일하지 않았다. 일은 늦어봤자 하루 이틀일 뿐이니, 오히려 느릿하고 어딘가 어설프지만 여유로운 이곳이 더 인간적일지 모르겠다는 생각이 들었다.

그러나 내가 초반에 그렇게 후하게 평가할 수 있었던 건 당시의 일이 그리 심각하지 않았기 때문이었다. 나는 의도치 않게 그 사실을 얼마 지나지 않아 알게 되었다. W&J는 기숙사에서 지내는 하생이라면 전부 한 학기치 카페테리아 식권을 신청하도록 되어 있다. 그러면 주별로 신청한 만큼의 식권을 사용할 수 있게 되는데, 이때 한 주에 쓸 수 있는 식권을 다 쓰지 않더라도 이월되지 않고 다음 주 치 식권을 앞당겨 쓰지도 못한다. 그러니 나를 포함한 학생들은 한 주간, 당장 오늘 하루에 식권을 몇 번 쓸 것인지 계획을 잘 세워야했다. 하루는 친구들과 저녁을 먹기 위해 카페테리아에 갔는데, 식권이 여유 있게 남아있어야 할 때임에도 입구에서 식권을 확인하는 스태프가 그 주에 내게 남은 식권이 더 없다고 했다. 순간적으로 당황한 나는 카페테리아에서 나올 수밖에 없었고, 친구와 이게 대체 무슨 상황인지 파악해보았다. 알고 보니 우리는 일주일치 식권이 새로 업데이트되는 요일이 금요일이라고 생각했는데, 카페테리아 시스템에선 금요일이 아니라 일요일로 되어 있었던 것이다. 그러나 이게 정말 얼토당토않았던 게, 우리에게 일주일치 식권이 새로 생기는 날이 금요일이라고 알려준 곳은 식당 시스템 관리를 포함한 전반적인 학교 운영을 담당하는 부서였다. 그것도 직원 한 명이 실수로 잘못 말한 정보가 아니라 친구가 직접 찾아가서 문의했을 때 내부적으로 확인 작업을 거쳐서 들었던 답변이었다. 시스템을 전체적으로 관리하는 곳과 그것을 실제로 운영하는 곳 사이에 차이가 있는 것이다. 내가 카페테리아 입구에서 입장을 거부당했을 때, 한 친구가 금요일에 새로 생기는 거 아니냐며 카운터 직원에게 묻자 그는 별 말없이 자신은 모른다는 제스처를 취했다. 운영부와 식당 간에도, 식당 내 직원들 간에도 제대로 된 정보가 공유되고 있지 않는 상황이었다. 나는 이 상황이 화가 나기보단 그저 어이가 없었다. 대부분의 학생들이 카페테리아를 이용하는데 이런 기본적인 정보도 명확히 공지되고 있지 않다는 게 내 상식선으론 이해되지 않았다. 특히 당장 근처에 갈 수 있는 식당도 없고, 차가 없어 멀리 나가지도 못하는 교환학생 입장으로서 나는 더 답답할 수밖에 없었다.

다른 사례로는 교외 병원에 다녀왔던 일화가 있다. 학기가 시작된 지 얼마 되지 않았던 때 한쪽 무릎 부근에 발진이 생겼다. 무엇이 원인인지는 모르겠지만 증세가 갈수록 심해졌고, 결국 교내에 있던 의료센터를 찾아갔다. 증세를 본 교내 의사선생님은 학교 밖 병원에 가볼 것을 제안하셨다. 그리곤 나를 데려다줄 학생안전부서와 병원에 직접 전화를 하셔서 필요한 모든 준비를 해주셨다. 그렇게 간 병원에서 나는 10분도 채 안 되는 시간 동안 이게 발진인지 아닌지 혼란스러워하는 의사들을 멀뚱히 쳐다보기만 했고, 그들은 내 무릎을 살펴보고 가끔 만졌을 뿐 별 다른 검사나 치료를 하진 않았다. 그러나 며칠 뒤 내 우편함으로 날아온 진료청구서에는 약 6만원에 달하는 50달러가 찍혀있었다. 심지어 그것도 원래는 100달러가 넘는 금액이었는데 학생보험이 적용되어서 그나마 반으로 줄어든 거였다. 정말 말도 안 된다는 가격이라고 생각했지만 그렇다고 안 낼 수도 없으니, 나는 그저 다시는 아프지 말아야겠다고 다짐하는 수밖에 없었다. 치료비 지불은 병원에서 보낸 청구서에 내 카드정보와 서명 등을 적어 다시 병원으로 보내면 거기서 알아서 결제를 하는 방식이었다. 개인정보가 담긴 청구서를 우표 붙여 우체통에 넣는 일도 께름칙했지만 더 걱정되는 건 제대로 결제가 될까 싶은 거였다. 병원 측에서 전화나 문자 등의 연락을 주지 않아 나는 틈틈이 온라인 계좌에 들어가 결제 내역을 확인해야했다. 그렇게 몇 주가 지나고, 병원에서 결제 내역이 찍힌 걸 확인한 후에야 나는 안도의 한숨을 내쉬었다. 그런데 그로부터 며칠이 지나자 저번과 같은 청구서가 다시 내 우편함으로 날아왔다. 안 그래도 이 일 때문에 은근하게 스트레스가 있었는데 이때는 정말 울화통이 터졌다. 병원은 몇 번을 전화를 해도 받지 않았다. 나는 아무 소용이 없을 거라고 생각하면서도 왜 또 다시 청구서를 보냈냐고 음성메시지를 남겼다. 그리고 국제팀 스태프를 찾아가서 이럴 땐 어떻게 해야 하냐고 토로했다. 한 스태프는 만약 자기라면 그 청구서에 '이미 지불했음'이라고 크게 써서 병원에 다시 보내겠다고 했다. 나는 그것이 가장 그럴듯한 대안이라는 사실에 헛웃음이 나올 수밖에 없었다.

결국은 모두가 아는 말을 할 수밖에 없다. 어디든 좋을 수만은 없다는 사실이다. 미국의 장단점은 한국의 장단점만큼이나 뚜렷

했다. 나는 미국사회의 평등하고 자유로운 분위기를 누리면서도 행정적인 절차로 골머리를 썩일 때면 한국을 몹시 그리워했다. 샐러드를 맛있게 먹다가 나물이나 찌개가 먹고 싶을 때도, 아무리 용을 써도 찰진 한국어를 영어로 그럴 듯하게 바꾸지 못할 때도 한국이 그리웠다. 외국에 나오고 보니 한국에서 일상적으로 했던 행동들이 하나같이 소중하고 정감 있게 느껴졌다. 하지만 한국을 그리워하면서도 나는 교환학생 신분이 아니라 사회인으로 다시 미국에 돌아오고 싶다는 생각이 들기도 했다. 그만큼 미국이라는 나라가 나에게 잘 맞기도 했기 때문이다. 지금으로선 한국에서만 평생 살고 싶지도, 미국에서만 평생 살고 싶지도 않다. 앞으로 내가 어디에서 어떤 삶을 살지 알 수 없으니 섣불리 확언할 순 없지만 그래도 한 가지 분명한 건, 내가 언젠간 다시 미국에 갈 거라는 사실이다.

Chapter12.

'하고 싶은 일'이 생기다

교환학생으로서 미국 캠퍼스에서 지내는 삶은 나에게 수많은 영감을 주었다. 룸메이트와의 대화에서, 스치듯 마주한 문장 하나에서, 채식 여부를 단계별로 표시한 메뉴판에서 나는 그간 알지 못했던 깨달음을 얻을 수 있었다. 이러한 새로운 자극은 내 머릿속을 팽팽 돌게 했고, 늘 나를 깨어있게 했다.

인생수업을 만나다

그 중에서도 가장 놀랍고, 재미있고, 깊이 있고, 생동감이 넘쳤던 경험은 단연 Stevie Berberick 교수님의 〈Race and Sexuality in the Cinema〉 수업이었다. 이 과목은 앞서 적은 아시아 여성으로서 나의 정체성에 대해 고민하게 만들어준 수업으로, 수업에서 나와 학생들은 개인의 여러 사회문화적, 정치경제적 특성이 어떻게 상호교차하여 삶에 영향을 끼치는지 함께 공부했다. 예를 들면 같은 백인 남성 집단에 속하더라도 성적 지향에 의해 부당한 차별을 받는 백인 남성이 있을 수 있고, 흑인 여성의 경우엔 인종 의제에서도, 여성 의제에서도 후순위로 밀리는 경향이 있다. 따라서 단순히 하나의 정체성만이 아니라 개인을 둘러싼 복합적인 맥락을 고려할 때라야 그 사람이 처한 환경을 이해할 수 있게 된다. 우리는 책을 통해 이론을 배우고, 그것을 틀로 영화 및 현실사회를 분석하는 방식으로 공부를 해나갔다. 매 과정에서마다 우리는 토론을 통해 서로의 의견을 공유했고, 그 의견들이 쌓여 매번 유의미한 결론을 도출해낼 수 있었다. 이 수업이 얼마나, 정말 얼마나 흡입력 있었는지 나는 말로 다 설명하지 못한다. 책상은 항상 원형으로 배치되어 모두가 모두를 바라볼 수 있었고, Dr.B는 우리의 앞에 아닌 옆에 앉아 수업을 진행했다. 그러한 구조 속에서 우리는 Dr.B가 이끄는 대로 생각을 말하고, 그 생각들을 연결하고, 마침내는 사고의 지평을 확장시킬 수 있었다. 이 과정은 유유히 흐르는 강물 같다가도 어느 순간 폭발적인 운동에너지를 가지며 아래로 떨어지는 폭포 같기도 했고, 경쾌한 빗방울에 톡톡 튀는 개울 같기도 했다. 어느 때든 수업 구성원 모두 매 수업에 몰입했고, 진부한 표현이지만 정말로 시간 가는 줄 몰랐다. 그동안 수업이 '살아있다'는 느낌을 받은 적은 종종 있었지만 이 수업 때만큼 수업이 살아 숨 쉬어 쿵쾅거리는 심장박동이 느껴진 적은 없었다. 교실에서 우리는 불합리한 현실에 화를 내기도, 때론 눈물을 흘리기도 했고, 어려운 이론에 투정을 부리거나 농담을 던지기도 했다. 확신에 차지 않은 목소리로 이론을 현실에 적용해보기도, 누구랄 것 없이 모두가 같은 주장을 하기도 하며 그렇게 우리는 수업의 순간순간을 채워나갔다.

블로그를 시작하다

한번은 수업에서 멕시코의 화가 프리다 칼로를 다룬 영화 〈프리다〉를 보았다. 영화는 프리다의 전 생애를 다룬 전기적 작품으로, 그에게 신체적 고통을 가한 교통사고, 그리고 정신적 고통을 안겨준 남편 디에고라는 두 축을 중심으로 굴곡진 프리다의 삶을 조명한다. 프리다 칼로의 삶 자체에서도 이야기 나눌 수 있는 지점이 많았으나, 이 영화의 또 다른 맥락은 스크린 밖에 있는 제작 환경에 있다. 작중 프리다 역이자 공동제작자였던 셀마 헤이엑이 영화 제작 당시 감독 하비 와인스타인으로부터 성희롱과 부당대우에 시달렸다는 배경이 있었기 때문이다. 이 같은 사실은 시간이 흐른 뒤 셀마 헤이엑이 자신이 겪은 일을 폭로하며 알려지게 되었다. 우리는 영화를 본 뒤 그가 직접 작성했던 기고문을 읽었는데, 사건의 당사자이자 피해자가 쓴 글인 만큼 생생하게 그의 고통이

전해졌다. 나는 수업을 마치고 방에 돌아와선 한국에서의 반응은 어땠을지 궁금해 한국 포털사이트에 〈프리다〉를 검색해보았다. 그런데 웬걸, 영화는 한국에서도 개봉되어 유명했지만 헤이엑이 당했던 사건을 다룬 기사는 찾아볼 수가 없었다. 그렇다보니 사람들의 영화 리뷰에도 프리다의 고통만이 얘기될 뿐, 단 하나의 블로그를 제외하곤 그 누구도 헤이엑의 고통에 대해선 언급하지 않았다. 나는 이 같은 현실이 놀라우면서도 허무하게 느껴졌다. 온갖 수모를 겪어가면서도 〈프리다〉를 세상에 내보이고자했던 셀마 헤이엑에 대한 이해 없이, 그의 고통과 의지를 모른 채 이 영화를 보는 건 반쪽짜리 감상에 그친다고 생각했기 때문이다. 갑작스레 나는 헤이엑의 이야기를 알려야겠다는 사명감이 들었다. 그래서 무엇을 할지 고민하다가 헤이엑의 기고문을 통째로 번역하기로 했다. 그의 글이 사건을 가장 잘 설명하는 자료이니, 그것만 한국어로 잘 번역해도 어느 정도 목적은 달성하는 거라고 생각했다. 나는 곧바로 앉은자리에서 서너 시간 동안 그의 글을 번역했다. 정식적으로 영한 번역을 했던 건 이때가 처음이었는데, 영어를 원어 그대로 읽고 이해하는 것과 한국어로 옮기는 것에는 큰 차이가 있다는 걸 이때 처음 알게 되었다. 번역은 아예 재구성에 가까운 작업이라 글의 전체 구조를 생각하며 문장을 배열해야했다. 그러면서도 영어식 표현은 적절한 한국어 표현으로 대체해야했다. 그렇게 꼬박 하루에 걸쳐 나는 〈프리다〉와 셀마 헤이엑에 관한 글을 섞었고, 그날 밤 나의 블로그에 올릴 수 있었다.

　다른 건 신경 쓸 새도 없이 몰입해서 포스팅을 마치고 나니, 말로 표현할 수 없는 뿌듯한 마음이 들었다. 이렇게 누군가에게 무언가를 알리고 싶다는 일념 하나로 열정을 보인 적이 있었나 싶었다. 그리고 또 하나 신기했던 것이, 번역을 결심하고, 글을 한 줄 한 줄 적어내려가고, 적당한 사진을 찾는 등의 일련의 과정 내내 나는 어떠한 행복감을 느낄 수 있었다. 글 구성에 고민이 들면서도 그런 고민을 할 수 있다는 사실이 좋았다. 그렇게 타자를 두들기다가 문득, 당시엔 정확히 무얼 가리키는지는 몰랐으나 앞으로도 '이런 일'을 하고 싶다는 생각이 들었다. 지금 이것을 좀 더 구체화해본다면 '언어나 사회적 배경 등의 이유로 뭇 사람들에게 가려진 것들을 더 많은 이들에게 알리고 싶어'졌다. 그동안 방송PD나 저널리스트 등 특정 직업의 형태로 꿈이 있긴 했지만 이렇게 보다 날 것의 형태로 내가 하고 싶은 일을 느낀 적은 처음이었다.

　〈프리다〉에 관한 글을 쓴 것을 시작으로, 나는 꾸준히 수업에서 배운 내용과 그에 관한 내 생각을 정리해 블로그에 글을 올리기 시작했다. 전부터 쓰고 있던 문장일기 포스팅과 일상 포스팅에 더해 하나의 카테고리를 더 추가했다. 항목 이름은 '하고 싶은 이야기들'로, 이 항목에선 업로드 횟수를 정하거나 글의 개수에 집착하기보단 글 하나하나의 완성도에 무척 신경을 썼다. 그렇게 나는 젠더, 인종, 총기사건, 민족주의 등을 주제로 학기 동안 총 열 개의 글을 올릴 수 있었다. 그 글들은 하나같이 정성을 들여 쓴 것이기도 하고, 내가 배우고 느낀 것을 고스란히 담아 지금 보아도 애착이 간다. 비록 내 블로그의 영향력이 크진 않지만 그럼에도 나의 배움과 깨달음을 다른 사람에게 공유한다는 사실은 나에게 큰 의미였다.

하고 싶은 일을 찾아서

수업을 듣고, 그 속에서 배움을 얻고, 이를 글로 풀어내는 과정을 반복하는 일상을 살던 중, 어느 순간 '무언가를 더' 하고 싶다는 욕심이 생겼다. 물론 아직 배워야 할 게 많은 나지만 하루 종일 학교 안에서 학생 신분으로 사는 생활이 제한적으로 느껴졌다. 그때 떠오른 것이 인턴이었다. 방송사나 신문사, 기왕이면 영어를 사용하는 외국계 언론사에서 인턴을 해보면 어떨까 하는 생각이 들었다. 좀 더 본격적이고 실질적인 경험을 통해 이 일이 정말 내가 하고 싶은 일인지 검증해보고 싶었다. 당시엔 여름방학 동안 한국에 갈 계획이 없었으니 미국에서 인턴을 할 수 있다면 안성맞춤이었겠지만, 안타깝게도 그때 내가 가진 학생비자로는 미국에서 어떠한 형태로도 일을 할 수 없었다. 삼 개월이 훌쩍 넘는 여름 방학, 비슷하게 살아갈 다음 학기… 이렇게 올해를 보내는 게 맞을까하는 생각이 자꾸 들었다. 미국에서 사는 일상은 만족스러웠지만 어엿한 사회인이 되어, 더 큰 미국 사회로 다시 돌아오고 싶었다. 그래서 Dr.B와 국제팀 스태프, 한국에 있는 지인들에게 조언을 구하고, 내 나름대로 정보도 찾아보며 결국 다음 학기 계획을 다시 세웠다. 그렇게 나의 새로운 계획은 미국에서 한 학기를 더 보내는 대신 한국에 돌아가 언론사 인턴에 지원하는 것이었다. 당장의 목표는 인턴이었지만 그것만이 목적이기보단 진로를 위한 준비를 하루빨리 시작하고 싶었다. 막연히 두려운 마음에 미뤄두기만 했던 숙제를 이제야 비로소 풀어내야겠다는 결심이 섰다.

카페테리아에서 밥을 먹으며 친구들에게 이 소식을 전하자 친구들은 내 결정을 응원하면서도 내가 곧 떠난다는 사실에 서운해했다. 서운한 건 나도 마찬가지였지만 나는 친구들에게 다시 돌아오기 위해 떠나는 거라고 말하며 웃어보였다. 지금도 나는 정말로 그렇게 될 거라고 믿는다. 그날 내린 나의 결정은 이보 전진을 위한 일보 후퇴였다.

Chapter13.
학기의 끝, 잊지 못할 마지막 포옹

마침내 완연한 봄이 오다

미국 동부는 날씨가 좋지 않기로 유명하다. 이는 동부에 위치한 펜실베이니아주 역시 마찬가지였다. 캠퍼스의 날씨는 봄방학 즈음 서서히 풀렸지만 그 후에도 날씨는 여전히 변덕스러웠다. 여기서 변덕스럽다는 말은 크게 두 가지 의미를 뜻하는데, 하나는 날씨가 하루에도 몇 번씩 흐렸다가 맑아지기를 반복한다는 걸 뜻하고, 또 하나는 4월에도 갑자기 눈 폭풍이 치는 등 계절에 무색한 날씨가 계속되는 걸 뜻한다. 덕분에 나와 친구들은 4월 말이 되기 전까지 추위에 떨어야했다. 그래서일까, 마침내 흐리고, 춥고, 금방 어두워지는 계절이 가고 만물이 생동하는 봄이 찾아오니 그렇게 활력이 넘칠 수가 없었다. 좀처럼 보기 힘들었던 화창한 햇살이 반가웠고, 움트는 새싹들이 기특하게 느껴졌다. 나는 그동안 한껏 움츠러들어있던 어깨를 펴고 꽃과 사진을 찍기도 했고,

방방거리면서 캠퍼스 곳곳을 활보하기도 했다. 수업이 없을 때면 노트북과 책을 들고 나와 햇살 아래서 공부했는데, 나 말고도 정말 많은 학생들이 밖에 나와 일광욕을 즐겼다. 한번은 학생들이 한목소리로 요청해 야외수업을 하기도 했다. 캠퍼스 전체가 들뜬 봄기운에 함께 들썩였다.

널 만나러 왔어

기말고사 기간이 다가오는 동시에, 학기도 점점 막바지에 가까워지고 있었다. 그러나 교환학생 생활이 끝나간다는 감상에 젖기도 전에 끝내야 할 일이 산더미였다. 짐 일부를 한국에 부쳐야 했고, 종강 후 떠날 여행 준비에, 인턴 지원서 작성에, 기말시험과 과제까지 있어 정신이 하나도 없었다. 이러다가 작별인사도 제대로 못 하고 허둥지둥 캠퍼스를 떠날 수도 있겠다 싶었다. 할 일도 착착 해내고, 교환생활도 잘 마무리하기 위해서는 매 순간 부지런히 움직여야했다. 안 그래도 어수선한 머릿속이 한결 더 바삐 돌아갔다.

어느 정도 할 일을 끝내고부터는 친구들과 교수님에게 편지를 썼다. 한국에서 출국하기 전 미리 사뒀던 엽서와, 봄방학 때 그랜드캐니언에 가서 산 엽서들을 서랍에서 꺼내 한 장씩 글을 채우기 시작했다. 하고 싶은 말을 신중히 고르고, 그걸 표현할 적절한 단어를 고르고, 마침내 한 문장씩 종이에 꾹꾹 채워가는 과정은 시간도 품도 많이 들었다. 그래도 그렇게 공을 들인 덕분에 내 진심을 있는 그대로 담을 수 있었고, 이제는 추억이 된 함께 했던 순간들을 다시금 떠올릴 수 있었다. 한 사람씩 편지를 쓰면서, '이 사람이 없었다면 내 교환생활은 어땠을까'하는 생각이 들었다. 잘은 몰라도 아마 무척 단조롭고 외로운 생활이지 않았을까. 이들 없는 교환생활은 상상이 되지도, 상상하고 싶지도 않았다. 그만큼 좋은 사람들이고 나한텐 과분할 정도로 행운인 인연이었다. 따스한 햇살이 들어오는 창문 옆에서 편지를 쓰며, 이곳에서 너무 행복한

날들을 보냈다는 생각에 눈물이 찔끔 났다. 이제 나는 내가 사랑하는 사람들에게 의심의 여지없이 말할 수 있게 되었다.

"I came here to meet you.(널 만나러 왔어)"라고.

떠나기 하루 전 날, 그리고 떠나는 날

떠나기 하루 전날 친구들에게 엽서를 건넸다. 내가 떠나는 날에는 나를 포함한 친구들이 아직 시험이 있을 때라서 미리 줄 수밖에 없었다. 헤어질 때까지 아직 시간이 남아서 그랬는지, 아니면 환한 대낮에 줘서 그랬던 건지 눈물은 나오지 않았다. 일찍이 시험일정을 마친 학생들은 벌써 학교를 떠났고, 남은 학생들은 막바지 공부에 매진하느라 캠퍼스가 한산하고 뒤숭숭했다. 나도 그날엔 하루 종일 방에서 마지막 하나 남은 시험공부를 했다. 그날 밤, 집이 학교 근처라 주말 사이 기숙사에 없었던 친구가 학교로 돌아왔다. 내일은 그 친구를 못 볼 것 같아 다른 친구에게 그 친구의 엽서를 맡겼는데, 친구가 엽서를 받고 잠깐이라도 얼굴을 보기 위해 내 방 기숙사 건물에 찾아왔다. 일층으로 내려가니 문 앞에 친구가 와있었는데, 고작 주말동안 못 본 친구 얼굴을 다시 보니 너무 반가워서 보자마자 눈물이 왈칵 나왔다. 내가 친구를 꼭 안으며 아무 말 없이 눈물을 흘리자, 친구는 내가 자기까지 울린다면서 눈물이 맺힌 얼굴로 나를 달래주었다. 불현듯 친구와 헤어지는 게 너무 아쉽게 느껴졌다. 괜찮다고, 또 볼 수 있을 거라는 친구에 말에 나는 울면서 그게 언제가 될지 어떻게 아냐고 투정을 부리기도 했다. 친절하게 대해줘서 고맙다고, 그리울 거라고, 덕분에 행복했다고 두서없이 얘기하는 내게 친구는 누구라도 나에게 잘 해줬을 거라며 자기도 고맙다고 했다. 그렇게 나는 한동안 친구의 품에 안겨 내 등을 사락사락 긁어주는 친구의 손길을 느꼈다. 하루 후면 캠퍼스를 떠난다는 게 그제야 실감이 났다.

그렇게 W&J에서의 마지막 밤이 지나가나 싶었는데, 얼마 후 또 다른 친구가 잠깐 나올 수 있겠냐고 했다. 친구를 보러 나가니 이번에는 그 친구가 울고 있었다. 자기는 이별에 너무 서툰 것 같다며, 왜 이제 다시 볼 수 없는 거냐
며 우는 친구를 나는 황급히 안
아주며 달랬다. 친구의 우는 모
습이 안쓰럽고 고마우면서도 어
쩐지 귀엽게 느껴져 아까의 울던
내 모습은 온데간데없이 사라졌
다. 대신 나는 짐짓 쾌활하게 친
구를 위로했는데, 그러자 그 친
구는 너는 울지도 않는다며 분해

했다. 그렇게 우리는 서로를 안고, 사진과 동영상을 찍고, 둘 다
좋아하는 노래를 들으면서 마지막으로 함께 밤을 보냈다. 시간이
흘러 헤어지지만 함께 했었다는 사실만은 가슴 속에 남겨두겠다
는 가사의 노래였다.

  캠퍼스를 떠나는 날엔 오전에 시험이 하나 있었고, 그 후 정오
에 피츠버그로 가는 셔틀버스를 타야했다. 생각보다 어려웠던 기
말시험은 끝까지 나를 괴롭혔지만 나는 최대한 아는 선에서 써낸
뒤 답안지를 제출했다. 이번 학기의 모든 과제와 시험이 끝났다는
후련함을 느낄 새도 없이, 교실을 나오자마자 카페테리아에서 서
둘러 점심을 먹고, 저녁에 먹을 음식을 챙기고, 남은 짐을 마저 싸
서 셔틀버스가 있는 곳으로 향했다. 모든 친구들과 제대로 된 인

사를 하지는 못했지만 가는 길에 마주친 친구들과는 안으며 작별 인사를 할 수 있었다. 그렇게 버스에 올라탔는데 어젯밤 같이 있었던 친구가 나를 찾아왔다. 나는 서둘러 내려 친구와 마지막으로 포옹을 했는데, 친구와 안자마자 눈물이 쏟아졌다. 정신없이 모든 걸 끝냈지만 정말로 이 모든 게 끝났다는 게 믿기지 않았다. 친구들과 헤어지는 게 너무 아쉬웠고, 다시 만난대도 아주 오랫동안 보지 못할 거라는 생각에 슬픈 감정이 걷잡을 수 없이 밀려왔다. 십분도 채 되지 않는 시간동안 우리는 하염없이 울며 안부의 말을 건넸다. 고마웠다고, 잘 지내라는 말을 하고 또 했다. 멀리서 나를 발견한 한 친구도 달려와 나를 꼭 끌어안아주었다. 얼마 뒤 출발시간이 되어 나는 다시 버스에 올라탔고, 버스는 이내 캠퍼스를 떠났다. 처음 교환학생으로 미국에 왔을 때 이곳을 떠날 쯤의 내가 어떤 모습일까 상상해본 적은 있지만 그 정도로 눈물 범벅일 줄은 전혀 예상도 못했다. 하지만 행복했던 만큼 슬픔은 벅차게 다가왔고, 벅찬 슬픔은 그렇게 한동안 나를 울렸다.

Chapter14.
끝은 또 다른 시작이다

  캠퍼스를 떠난 날 밤 나는 뉴욕으로 향했다. 다음날 뉴욕 공항에서 유럽행 비행기를 탈 예정이었다. 학교를 떠나고 한동안 슬픔에 싸여 기분이 울적했는데, 뉴욕에 가까워갈수록 점점 더 후련함이 커졌다. 3학년 2학기를 무사히 끝냈다는 점, 그것도 외국학교에서 아주 행복하게 보낸 학기였다는 점, 짧은 시간동안 영어도 꽤 늘었다는 점 등등이 뿌듯해 스스로가 대견하게 느껴졌다.

  한국을 떠나 미국으로 가는 비행기에서, 다이어리에 '가서 하루하루를 채워가며 살다보면 분명 나만의 무언가가 만들어지거나 예상치 못했던 길이 생길 거라고 믿는다.'라는 문장을 썼었다. 누군가에겐 그저 청춘의 호기로운 믿음으로 들릴지 모르겠지만 이 문장을 적었을 당시엔 정말 그렇게 되리라고 생각했다. 말로 설명할 수 없는 내 안의 믿는 구석이 있었다. 그리고 몇 달 후, 그 말은 실제로 현실이 되었다. 새로이 겪은 사소한 일들은 하나하나 배움과 추억이 되었고, 낯선 얼굴과 이름들은 어느새 내게 둘도 없이 소중한 존재가 되었다. 매일 일기장을 빼곡히 채울 만큼 하루하루가 다채롭고 의미로 가득했다. 또 거칠게나마 나는 내가 하고 싶은 일에 확신을 가지게 되었다. 정확히 어떤 일을 할지, 그일을 하기까지 얼마나 걸릴지는 모르겠지만 우선은 그 방향을 따라 걸어볼 생각이다. 그 길을 걷다보면 지금의 내가 모르는 또 다른 길이 이어지지 않을까? 이번에도 나는 나를 믿어보려고 한다.

이제 나는 다시 한국에 돌아가 또 다른 시작을 준비하려 한다. 교환학생으로 미국에서 지낸 날들이 있었기에 가능했던 새 출발인 셈이다. 이렇게 내게 새로운 길을 터주며, 더할 나위 없었던 나의 교환학생 생활은 마침표를 찍었다.

부록 :

종강 후 떠난 유럽여행

종강 다음날, 나는 뉴욕에서 런던으로 향하는 비행기에 몸을 실었다. 내 생애 첫 유럽여행이었다. 원래는 여름방학동안 남미에 갈 계획이었지만 다음 학기를 한국에서 다니게 되어 생각보다 일찍 한국에 들어가기도 했고, 무엇보다 W&J에서 사귄 유럽 친구들을 만나고 싶어 유럽으로 여행지를 바꾸게 되었다. 마침 런던에 있는 고향친구와 대학교 동기들도 만나기로 했다.

나의 여행루트는 런던-쾰른-베를린-바르셀로나-포르투-리스본 순으로, 약 3주간 유럽을 돌아다니는 일정을 세웠다. 이번 여행은 몇몇 도시에선 친구들과, 나머지는 혼자 다니는 '따로 또 같이'가 테마였다.

1. 영국 런던 : Vegan-friendly한 도시, 그리고 친구들이 해준 집밥

런던에는 스냅사진작가로 일하는 고향친구와, 교환학생 중인 대학교 동기들이 있었다. 밤늦게 도착해 우여곡절 끝에 고향친구가 머물고 있는 게스트하우스에 갔는데, 둘 다 외국에 나와 있느라 오랜만에 만나게 되어 정말 반가웠다. 그날 새벽부터 런던 시내를 돌아다닌 다음날까지, 우리는 그동안 못 다 한 이야기꽃을 피

우며 서로 근황도 전하고 각자 겪은 일들, 고민거리 등을 털어놓
았다. 날씨가 화창해서 공원에 돗자리를 깔고 누워있거나 템스강
을 따라 걷기만 해도 좋았다. 친구는 버섯, 가지, 브로콜리 등을
이용해서 맛있는 요리를 해줬고, 사진작가답게 나를 런던 풍경에
멋지게 담아주었다. 숙소에 들어와서는 함께 맥주를 마시며 옛 여
행 추억에 젖기도 했다.

　다음날엔 고향친구와 헤어져 대학 동기들을 만났는데, 만나기
전까지 시간이 남아 혼자 런던시티를 구경했다. 런던은 아기자기
하고 예쁜 도시였다. 모든 게 커다랗고 물건이나 음식도 실용적
인 걸 우선하는 미국에 비해, 영국은 전반적으로 크기도 작고 스

콘 하나를 진열해도 분위기 있게 놓는 나라였다. 덕분에 골목골목 돌아다니며 거리를 구경하는 맛이 있었다. 또 놀랐던 건 거리 곳곳마다 비건 음식을 의미하는 초록색 'V' 사인이 아주 많았다는 점이었다. 샌드위치부터 케이크, 버거 등등 정말 웬만한 가게엔 전부 비건 옵션이 있었다. 나와 동기들이 저녁을 먹으러 간 곳은 애초에 비건 메뉴만 판매하는 식당이었는데, 그곳은 런던에서 가장 인기 있는 식당 중 하나였다. 그날 나와 친구들은 정말 맛있게 고기 없는 저녁식사를 즐길 수 있었다.

　그날 밤은 1인실을 쓰는 친구의 기숙사에서 하루를 묵었다. 그 친구와도 오랜만에 보는 것인 만큼 그간 못했던 대화를 실컷 나눴는데, 주로 각자 겪었던 미국, 영국에서의 교환생활에 대해 얘기했다. 우리 둘의 경험에서 가장 큰 차이는 학업에 있었다. 학기

내내 수업과 과제로 인해 힘들었던 나와 달리, 친구는 영국에서 공부를 많이 하진 않았다고 했다. 애초에 수업에서 요구하는 과제나 시험 자체가 적기 때문이었다. 그 외에도 나와 비슷한 듯 확연히 다른 친구의 생활을 들으며, 같은 교환학생 프로그램이라도 파견국가나 학교에 따라 개인의 경험이 천차만별이라는 것을 실감했다. 다음날 친구는 한식을 먹고 싶다는 내 말에 아침으로 쌀밥과 된장찌개를 차려주었다. 나는 하나도 남김없이 싹싹 그릇을 비웠고, 그 후 우리는 신촌에서 다시 만날 날을 기약하며 작별인사를 나눴다.

2. 독일 쾰른 : Sophia의 가족들을 만나다

쾰른은 순전히 Sophia를 만나기 위해 간 곳이었다. W&J에서 만난 Sophia와 Susi가 쾰른대학교에서 온 교환학생이기 때문이다. Susi는 미국과 캐나다를 여행하고 있어서 만나지 못하지만 대신 Sophia네 집에 머물기로 했다. 일주일 만에 본 Sophia는 무척 반가웠고, 처음 뵙게 된 Sophia네 부모님은 인상이 무척 좋은

분들이셨다. 부모님뿐만 아니라 Sophia의 자매들도 하나같이 사랑스러웠다. 모두 Sophia만큼 유창하게 영어를 하진 못해 나와 아주 많이 대화하진 못했지만, 행동과 표정으로 나를 신경써주고 좋아해주는 게 느껴졌다. 그날 저녁 Sophia의 가족들과 다 같이 맛있는 저녁을 먹은 뒤 Sophia와 나는 둘째 언니 Laura와 근처 소도시인 아헨에 드라이브를 갔다. 우리는 차를 마시며 대화를 나누고, 비가 살짝 내리는 바깥을 걸으며 아헨을 둘러보았다. 그날 밤 우리가 특별히 무언가를 한 건 아니었지만 나는 셋이 함께한 그 시간이 정말 좋았다. 어둠이 잔잔하게 내려앉은 밤, 아헨은 평온하고 조용히 빛이 났다.

일요일인 다음날 아침엔 Sophia의 할머니 생신을 맞아 근처에 사는 Sophia의 친척들이 모여 아침식사를 함께했다. 할머니 댁에 가니 적어도 스무 명은 되는 Sophia의 친척 일가족들이 한자

리에 모여 있었다. 나는 할머니께 미리 사뒀던 노란꽃다발을 드
렸고, 와자지껄한 분위기 속에서 함께 신선한 빵과 과일, 그리고
커피를 먹고 마셨다. 몇몇 분들은 아침부터 맥주를 드시기도 했
다. 아침을 먹은 뒤엔 Sophia와 함께 기차를 타고 쾰른에 놀러갔
다. 쾰른은 작고 깔끔한 도시였다. 날씨가 화창해 라인강을 따라
걷고, 쾰른대성당과 쾰른대학교를 구경하기에 딱 좋았다. 우리는

걷다가 힘들면 앉아서 바람을 쐬고, 챙겨온 과일을 먹으며 시간을 보냈다. 그렇게 종일 Sophia와 얘기하면서 돌아다녔다. 이제는 정말 스스럼없이 말을 주고받는 사이다보니 나는 Sophia와 둘만 있는 시간이 무척 편하게 느껴졌다. 독일에 온 것도 좋았지만 Sophia와 함께 있다는 게 더더욱 좋았다. 저녁엔 Sophia의 가족들과 양가 조부모님, 그 외 가족들이 함께 모여 식사를 했고, 식사를 마치고는 마당에서 사진을 찍기도 했다. 단란하고, 평화롭고, 눈부시게 아름다운 시간이었다.

3. 독일 베를린 : 또 다른 자유의 도시

베를린은 한 마디로 깔끔하고 자유분방한 곳이었다. 쾰른에서 버스를 타고 해가 저물 때쯤 도착했는데, 비가 그친 뒤라 하늘이 투명했고 많은 사람들이 자전거를 타고 도로를 달리고 있었다. 그 싱그러운 분위기가 Sophia와 헤어져 슬픈 마음을 위로해주는 듯 했다. 또 무엇보다 삼일 간 머물게 된 에어비앤비 숙소가 정말 근사했다. 덕분에 나는 모처럼 혼자만의 시간을 맘껏 누릴 수 있었다. 우선은 짐을 풀곤 근처에서 장을 봐서 정말 오랜만에 요리를 해먹었다. 그리고는 좋아하는 노래를 틀어놓고 뽀송뽀송하게 씻고, 개운한 상태로 짐을 정리한 뒤엔 스트레칭도 했다. 온전한 나

만의 시간이었다.

베를린에서 가장 가보고 싶었던 곳은 홀로코스트 메모리얼이었
다. 베를린 시내 한복판에는 나치의 홀로코스트로 인해 희생된 유
대인 및 다른 피해자들을 기억하기 위한 박물관과 추도공간이 있
는 것으로 유명하다. 둘째 날 첫 일정을 그곳으로 정하고, 다음날
나는 숙소를 나서자마자 그곳으로 향했다. 홀로코스트 메모리얼

은 아래로 파인 지대에 각기 길이가 다른 검은 기둥들이 세워져 있어 마치 감옥인 듯한 느낌을 주는 공간이었다. 그 기둥들 사이를 천천히 걸으며, 나는 홀로코스트의 희생자들이 느꼈을 공포를 상상해보았다. 그들이 실제로 느낀 감정에 반의반도 안 되겠지만 생각만으로도 너무 외롭고 두려운 기분이었다. 그곳에서 나는 사람들을 강자와 약자로 나누는 힘에 대해, 그리고 지금 이 순간에도 도살당하는, 어쩌면 홀로코스트보다 더 끔찍한 비인간 동물들의 현실에 대해 생각하지 않을 수 없었다. 그런 생각이 드니 새삼 인간이 악하게 느껴져 마음이 편치 않았다. 하지만 한편으론 홀로코스트 같은 비극을 되풀이하지 않겠다는 듯 진지하게 메모리얼을 둘러보는 사람들로부터 희망이 느껴지기도 했다.

베를린 장벽, 광장과 분수 등 곳곳을 돌아다녔지만 베를린에서 가장 기억에 남는 건 날씨가 무척 좋았다는 것과 과일이 정말 맛있고 신선했다는 것이다. 특히 유럽에 오면 꼭 먹어보고 싶었던 납작 복숭아를 항상 가방 속에 챙겨 다녔다. 그렇게 걷다가 힘들면 벤치에 앉아서 과일을 먹고, 가져온 책을 읽고, 바람을 쐬면서 노래를 들었다. 또 아주 유명한 노점에서 팔라펠 케밥을 먹기도 했고, 비건 제품만 취급하는 가게에서 아이스크림도 사먹었다. 한번은 트램 안에서 바라보는 풍경이 예뻐 아무 트램이나 타고 바깥 구경을 하기도 했다. 발달된 대도시면서도 자전거가 주요 교통수

단이고, 많은 이들이 환경과 동물을 위해 채식을 하며, 분리수거까지 철저히 하는 베를린에 머무는 동안 나는 자연친화적으로 선진화된다는 것이 어떤 모습인지 엿볼 수 있었다.

4. 스페인 바르셀로나 : 다정한 Esther네 가족과 함께

    스페인은 Esther를 만나기 위해 간 곳이다. 바르셀로나에 도착하자마자 나를 반기는 화창한 날씨에 절로 기분이 좋아졌다. 공항 밖에서 노래를 흥얼거리면서 Esther를 기다리니, 잠시 뒤 붉은 립스틱에 커다란 귀걸이, 그리고 선글라스까지 낀 멋진 모습을 한 Esther가 나를 데리러왔다. 오랜만에 만난 우리는 잔뜩 신이 나 쉴 새 없이 떠들며 차를 몰아 바르셀로나 시내로 갔다. 가우디의 바르셀로나는 매우 특색 있는 도시였다. 바닥에 깔린 타일부터 벤치, 가로등까지 트렌카디스 기법을 이용한 조형물들이 곳곳에 있었다. 거리를 걷다 보면 가우디가 지은 독특한 건축물들이 하나둘 눈에 띄었다. 특히나 사그라다 파밀리아 성당에 갔을 땐 나도 모르게 경건해질 만큼 성당 내부와 자연광이 조화롭고 아름다웠다. Esther는 걷는 내내 바르셀로나와 가우디에 관한 흥미로

158

운 사실을 내게 알려주었다. 그리고 이 날 저녁으로 먹은 야채 빠에야와 곁들인 레드 와인 한 잔은 정말로 맛있었다.

Esther의 가족 분들은 무척 따뜻한 분들이셨다. Esther의 여동생 Christina는 사랑스럽고 소탈한 에너지가 넘쳤는데, Christina는 영어를, 나는 스페인어와 까탈루냐어를 못해 애를 먹었지만 그래도 우린 꽤 많은 얘기를 나눌 수 있었다. 특히 Christina와 단둘이 카페에 갔을 땐 오로지 구글 번역기에 의지해 서로의 말을 이해해야 했는데, 다소 시간이 걸리고 복잡한데도 그렇게 대화를 한 게 웃음이 날 정도로 즐거웠다. 하루는 Esther의 친척들과 함께 저녁을 먹기도 했는데, 누구 하나 뽑을 수 없이 모두 에너지가 넘치는 분들이셨다. Esther는 그때 식당에서 중계되는 축구 경기에서 스페인이 지고 있었기 때문에 그 정도였던 거라며, 만약 이기는 상황이었으면 더 시끄러웠을 거라고 내게 귓속말로 알려주었다.

바르셀로나에 머무는 동안 Esther는 아침마다 직접 오렌지 주스를 만들어주었다. 다른 첨가물 없이 그냥 오렌지만 갈아서 만든 주스였는데, 한치의 과장 없이 내가 지금껏 마셔본 오렌지 주스 중에 가장 신선하고 달콤했다. 마지막 날엔 Esther와 둘이 시내를 둘러보았다. 그날엔 The Bunker나 가우디의 정원 등 지대가 높은 곳에 간 덕분에 한 눈에 바르셀로나를 내려다볼 수 있었다. 특히 Bunker까지 가는 길은 사람도 별로 없고 날씨도 맑아서 고즈넉하고 아름다웠다. 그렇게 둘러보면서 Esther와 정말 많은 얘기를 나누었는데, Sophia와 있을 때와 마찬가지로 진솔한 대화를 할 수 있어서 그저 편하고 행복한 시간이었다. 세상일에 관심도 많고 유식한 Esther와는 특히 정치 얘기를 많이 나눌 수 있었다. 외국 친구들과 대화하며 깨달은 것 중 하나는 정치이슈가 주위 사람들과 대화할 때 기피해야할 주제가 아니라는 점이었다.

5. 포르투갈 포르투 & 리스본 : 나의 마지막 여행지

마지막 여행지인 포르투갈은 유럽에서 내가 가장 가보고 싶은 곳이었다. 프랑스나 스위스처럼 더 유명하고 커다란 나라들도 많지만, 나는 어쩐지 유럽 끝자락에 있는 포르투갈의 작은 도시에 더 마음이 끌렸다. 바르셀로나에서 출국하며 Esther에게 마지막으로 남은 엽서를 건네고, 나는 홀로 포르투에 도착했다.

포르투는 도시 한 가운데 강이 흐르는 작고 평화로운 항구도시였다. 경사가 심해 울퉁불퉁한 골목이 이어지는데, 그 골목골목마다 아기자기한 상점들이 보석처럼 숨어있었다. 아래로 걷다보면 어느 순간 강이 모습을 드러낸다. 건물 사이로 보이는 물별이 반짝이는 도루강은 포르투에서 가장 크고 빛나는 보석 같았다.

바람이 시원하게 부는 포르투는 어딜 가든 예뻤다. 나는 포르투 이곳저곳을 돌아다니며 여유롭게 시간을 보냈다. 공원에 앉아 글을 쓰거나 책을 읽었고, 여행 내내 들었던 좋아하는 노래를 듣고 또 들으면서 골목을 걸었다. 정말 맛있는 비건 식당을 발견해서 새로운 음식을 양껏 먹었고, 심지어는 비건 나타(에그 타르트)도 맛볼 수 있었다. 여러 가게에 들러서는 한국에 있는 지인들에게 줄 선물을 샀는데, 그 중 한 빈티지 가게에서 발견한 마음에 꼭 드는 와인잔은 나에게 스스로 선물하기도 했다.

포르투에서 내가 가장 사랑했던 순간은 단연 해질녘, 가장 사랑했던 장소는 두말할 것도 없이 동 루이스 다리 건너편에 있는 언덕이었다. 언덕에 오르면 강과 다리, 그리고 전체 도시와 하늘을 나는 갈매기들을 한눈에 볼 수 있었는데 그 모습이 정말 꿈결같이 아름다웠다. 해질녘 어느 멋진 아저씨의 기타연주, 달콤하고 쌉싸래한 와인 한 팩, 거기에 시원한 바람까지 더해지면 그야말로 완벽한 순간이 만들어졌다.

리스본은 포르투와 사랑에 빠진 뒤 가게 되어서 도시 자체가 매력적으로 느껴지진 않았다. 여행의 막바지였기 때문에 더 그랬던 것일지도 모른다. 리스본에서 제일 기억에 남는 건 포르투에서 리스본으로 향하는 기차 옆자리에 앉았던 Julie다. 미국에서 온 Julie는 출장 겸 여행을 위해 유럽에 왔다고 했는데, 서로 미국에서 살았던 경험이나 여타 관심사가 비슷해 리스본으로 가는 내내 쉼 없이 떠들었다. 오랜만에 미국인을 만나니 막힘없이 대화할 수 있는 것도 편했고, 서로 공감하는 부분도 많아서 정말 즐겁게 대화를 나눴다. Julie와는 그날 리스본에 도착해서 함께 저녁을 먹기도 했다.

여행 마지막 날에는 해가 질 때쯤 높은 지대에 있는 와인바에 가서 혼자 와인을 한 잔 마셨다. 전반적으로 붉은 색을 띠는 마을이 노을로 인해 더 불그스름해지는 모습을 보며, 나는 그간을 돌아보는 짧은 글을 한편 적었다. 그렇게 어둑해질 때까지 공을 들여가며 문장을 다듬었고, 몇 시간 뒤엔 후련한 마음으로 글을 맺을 수 있었다. 그러고 나니 이제는 한국으로 돌아가도 되겠다는 생각이 들었다. 그날 밤 숙소로 돌아가는 밤거리는 그 어디보다 애틋했고, 나의 발걸음은 그 어느 때보다 가벼웠다.

이제, 또 다른 길을 나설 시간이다.

널 만나러 왔어, 미국!

초판 1쇄   2019년 11월 30일
지 은 이   김나영
펴 낸 곳   하모니북

출판등록   2018년 5월 2일 제 2018-0000-68호
이 메 일   harmony.book1@gmail.com
전화번호   02-2671-5663
팩   스   02-2671-5662

979-11-89930-26-4 03940
ⓒ 김나영, 2019, Printed in Korea

값 17,600원

이 도서의 국립중앙도서관 출판예정도서목록(CIP)은 서지정보유통지원시스템 홈페이지
(http://seoji.nl.go.kr)와 국가자료공동목록시스템(http://www.nl.go.kr/kolisnet)에서 이용
하실 수 있습니다.
CIP제어번호 : CIP2019043023